A RESISTÊNCIA DAS PALAVRAS

UNIVERSIDADE ESTADUAL DE CAMPINAS

Reitor
HERMANO TAVARES

Coordenador-Geral da Universidade
FERNANDO GALEMBECK

Pró-Reitor de Desenvolvimento Universitário
ALVARO P. CRÓSTA

Pró-Reitor de Extensão e Assuntos Comunitários
ROBERTO TEIXEIRA MENDES

Pró-Reitor de Graduação
ANGELO LUIZ CORTELAZZO

Pró-Reitor de Pesquisa
IVAN EMÍLIO CHAMBOULEYRON

Pró-Reitor de Pós-Graduação
JOSÉ CLÁUDIO GEROMEL

EDITORA DA
UNICAMP

Diretor Executivo
LUIZ FERNANDO MILANEZ

Coordenador Editorial
CARLOS ROBERTO LAMARI

Conselho Editorial
ELZA COTRIM SOARES – LUIZ DANTAS
LUIZ FERNANDO MILANEZ
M. CRISTINA C. CUNHA – RICARDO ANTUNES

Marisa Grigoletto

# A RESISTÊNCIA DAS PALAVRAS
## DISCURSO E COLONIZAÇÃO BRITÂNICA NA ÍNDIA

FICHA CATALOGRÁFICA ELABORADA PELA
BIBLIOTECA CENTRAL DA UNICAMP

| | |
|---|---|
| G877r | Grigoletto, Marisa<br>A resistência das palavras : discurso e colonização britânica na Índia / Marisa Grigoletto. Campinas, SP: Editora da Unicamp, 2002.<br><br>1. Análise do discurso. 2. Semântica. 3. Colonização. I. Título<br><br>ISBN: 85-268-0576-2          CDD -415<br>                                                            412<br>                                                            325.3 |

Índices para Catálogo Sistemático:

1. Análise do discurso    415
2. Semântica    412
3. Colonização    325.3

Copyright © by Editora da Unicamp, 2002

Nenhuma parte desta publicação pode ser gravada, armazenada em sistema eletrônico, fotocopiada, reproduzida por meios mecânicos ou outros quaisquer sem autorização prévia do editor.

Imagem de capa

Giacomo Balla, *Iridescent interpenetration nº 13*, 1914, in Anna Moszynska, *Abstract art*. Londres: Thames and Hudson, 1995.

Associação Brasileira de
Editoras Universitárias

Editora da Unicamp
Caixa Postal 6074
Cidade Universitária – Barão Geraldo
CEP 13083-970 – Campinas – SP – Brasil
Tel./Fax: (19) 3788-1094/1096/1097
www.editora.unicamp.br
vendas@editora.unicamp.br

EDITORA AFILIADA

*A meus pais,*
*Angelo e Anezia*

*Para Márcio,*
*meu interlocutor predileto também nos silêncios*

Este livro é uma versão um pouco modificada do texto da minha tese de doutoramento intitulada *A resistência das palavras: um estudo do discurso político britânico sobre a Índia (1942-1947)* e defendida em fevereiro de 1998, junto ao Programa de Pós-Graduação em Lingüística do Instituto de Estudos da Linguagem – UNICAMP.

Agradeço a todos que, de algum modo, me apoiaram ou me desafiaram a pensar melhor e com mais rigor e, em especial:

A Eduardo Guimarães, pela orientação competente, pelas leituras precisas e pelo respeito e confiança demonstrados por meu trabalho.

Aos colegas da área de língua inglesa e literaturas inglesa e norte-americana, do Departamento de Letras Modernas, da Faculdade de Filosofia, Letras e Ciências Humanas da Universidade de São Paulo, que me concederam parte dos fundos para a publicação.

Ao pessoal do Department of Linguistics and Modern Languages da Universidade de Lancaster, Inglaterra; particularmente, a Norman Fairclough, pela disponibilidade com que me recebeu e pelas ricas discussões, e a Marilyn Martin-Jones, pela acolhida.

A Lynn Mario Menezes de Souza, Maria José Faria Coracini e Anna Maria Carmagnani, pelas interlocuções produtivas e instigantes e pela amizade de sempre.

A Mónica Zoppi-Fontana, pela leitura criteriosa da tese e pelas valiosas sugestões.

A Marilda Cavalcanti, por ter facilitado minha visita ao Departamento de Lingüística da Universidade de Lancaster.

À CAPES, pelo auxílio financeiro.

Le réel de la langue n'est donc pas suturé sur ses bords comme une langue logique: il est traversé de failles.

F. GADET e M. PÊCHEUX, *La langue introuvable*

Bem pode a retórica oficial cobrir e recobrir a realidade; chega um momento em que as palavras lhe resistem, e obrigam-na a revelar, sob o mito, a alternativa da mentira ou da verdade: a independência existe ou não existe, e todos os floreios adjetivos que se esforçam por conferir ao nada as qualidades do ser constituem a própria assinatura da culpabilidade.

R. BARTHES, *Mitologias*

# Sumário

Introdução ............................................................................................. 15

Parte I — Percurso teórico — Discurso e enunciação

Capítulo 1 — Análise do discurso, sujeito
e interdiscursividade ................................................................... 25
  *A análise do discurso e sua história* ........................................... 25
  *Discurso e formação discursiva* .................................................. 30
  *Discurso, pré-construído e interdiscurso* ................................... 33
  *O conceito de sujeito na análise do discurso* ............................. 36
  *Perspectivas para a análise do discurso* ..................................... 38

Capítulo 2 — Semântica da enunciação
e análise do discurso ................................................................... 47
  *O sujeito na língua* ..................................................................... 47
  *Críticas de Pêcheux às teorias da enunciação* ........................... 52
  *A heterogeneidade enunciativa* .................................................. 54
  *Uma perspectiva histórica da enunciação* ................................. 55

Parte II — PERSCRUTANDO O DISCURSO COLONIAL

Capítulo 3 — CONSTITUIÇÃO DE UM *CORPUS* DISCURSIVO
E SUAS CONDIÇÕES DE PRODUÇÃO ............................................. 63
*Tipos de* corpus *e constituição de um* corpus *de arquivo* ............ 63
*Condições de produção do discurso político
britânico sobre a Índia* ........................................................... 67

Capítulo 4 — CAMINHOS DOS SENTIDOS
DO DISCURSO COLONIAL ........................................................... 75
*Construções e estratégias do discurso colonial* ........................ 75
*Filiações do discurso colonial a outros discursos e seus efeitos* ...... 80
*Negação do "outro", afirmação do "eu"* ................................. 84

Parte III — DESVELANDO SENTIDOS DE UM DISCURSO COLONIAL EM
SEU VIÉS POLÍTICO

Capítulo 5 — COLONIZAÇÃO COMO MISSÃO: SENTIDOS DO DISCURSO COLONIAL BRITÂNICO SOBRE A ÍNDIA NO SÉCULO XIX ...... 95
*O conceito de metáfora* ......................................................... 98
*O funcionamento das figuras no discurso colonial britânico* ...... 100

Capítulo 6 — RELAÇÕES CONTRADITÓRIAS DE UM DISCURSO
DA INDEPENDÊNCIA COM SEU INTERDISCURSO .......................... 117
*Coexistência de opostos e sobredeterminação* ........................ 117
*Sentidos da nomeação: "the transfer of power"* ..................... 121
*Silenciamento e efeitos de sentido* ........................................ 133
*Silenciamento da categoria do direito* ................................... 136
*Silenciamento da categoria de luta* ....................................... 142
*Nomeação e efeitos de apagamento no discurso* .................... 147

*Designação da relação entre britânicos e indianos* ............... 148
*Designação do processo de concessão da independência* ............... 152
*Efeitos de um processo de predicação* ............... 156
*Exemplo e evolução: efeitos da metáfora conceptual* ............... 159
*Considerações finais em torno da coexistência de opostos* ............... 163

Capítulo 7 — Posições de enunciação
e construção do "eu" discursivo ............... 169
*A construção do lugar da performatividade* ............... 170
*O campo de referência do pronome "we"* ............... 173
*Termo coletivo na posição de sujeito da enunciação* ............... 187
*Considerações finais em torno das posições de enunciação* ............... 190

Conclusão ............... 195

Bibliografia ............... 203

Apêndice A ............... 213

Apêndice B ............... 233

# Introdução

Esta obra insere-se em um conjunto de investigações sobre a formação de identidades nacionais e políticas em uma situação de colonização. Existe, no contexto anglo-saxão, vasta literatura sobre o discurso colonial britânico em estudos localizados, sobretudo, em duas áreas: na área de estudos culturais e em história. Nesses estudos, os pesquisadores têm se debruçado tanto sobre textos literários produzidos dentro de um contexto e de uma temática ditos coloniais como também sobre escritos de viajantes, missionários, educadores, historiadores e documentos da administração governamental colonial. Os resultados dessas pesquisas têm levado à construção de um amplo saber sobre o impacto e os múltiplos significados das relações coloniais, significados esses que passam por questões tais como a formação de identidades culturais, a representação tanto do "eu" e do "outro" quanto da própria relação de colonização e a elaboração e propagação de uma cultura própria do colonialismo.

No âmbito específico do colonialismo britânico, faltam, porém, pesquisas lingüísticas que abordem a constituição dos sentidos desse discurso, suas filiações a outros discursos e suas influências em outros dizeres, através da análise minuciosa da linguagem. Ou seja, sob o enfoque de uma análise semântico-discursiva, é possível investigar a construção discursiva de aspectos dos grandes temas citados e avançar no conhecimento das condições de formação de novas identidades políticas no mundo colonial e seus reflexos no mundo pós-colonial.

Este estudo pretende ser uma contribuição para a história das relações coloniais, tendo como fio condutor uma análise semântica e discursiva de um recorte do discurso colonial britânico, que é o discurso político produzido pelo governo e administração britânicos na preparação da concessão da independência à Índia. Nele, chega-se à caracterização do modo de funcionamento desse discurso na constituição de formas de representação do eu (colonizador) e do outro (colonizado) e da relação entre eles.

Optamos por constituir como objeto o discurso sobre a independência da Índia por dois motivos:

1) como a independência dessa colônia foi, em última instância, concedida pela Inglaterra, tendo havido, da parte do governo britânico, uma proposta concreta de concessão, mediante o atendimento de determinadas condições, cinco anos antes da efetiva retirada dos ingleses, produziu-se um discurso extenso, sobretudo naquele período, em torno da preparação da independência;
2) interessava-nos verificar a construção discursiva da representação do eu e do outro, no seio de uma relação de colonização, mas em um momento histórico de "transição", o que implicava, parecia-nos, uma configuração de sentidos um pouco diversa daquela engendrada sob condições de produção mais estabilizadas e mais homogêneas dentro de uma relação colonial.

O discurso político britânico da época pré-independência apresenta-se, na superfície discursiva, como um discurso de "transição" na constituição de formas de representação do eu e do outro em dois sentidos. Há um deslocamento de temas nesse momento em relação a momentos anteriores — o tema predominante aqui é a *transferência de poder*[1] — que provoca, como um efeito de sentido do discurso, a instauração de sentidos de *associação*, *amizade* e *igualdade* entre britânicos e indianos. Assim, observa-se um deslocamento na relação entre colonizador e colonizado, que passa a ser ressignificada imaginariamente como uma relação entre iguais, se atentarmos para a superfície discursiva apenas. Porém, sabemos que se trata de um discurso que se dá ainda em uma relação colonial e, por isso, podemos levantar a hipótese de que continuem a se produzir efeitos de confronto de sentidos na relação do discurso em questão com seu interdiscurso.

Esse quadro suscita algumas perguntas: quais os efeitos de sentido produzidos pela instauração de um discurso de igualdade no interior de uma relação colonial? Havendo uma representação do outro cujo efeito de sentido é a ressignificação de sua identidade, pode-se supor que permaneçam outros sentidos já estabilizados na relação colonial e, caso essa permanência ocorra, de que maneira podem esses sentidos coexistir? Igualmente, podemos levantar a mesma questão no caso de uma "nova" forma de representação do eu. Com que regiões do interdiscurso o discurso sob investigação entra em contato e qual o modo específico de presença desse interdiscurso? Que posições de enunciação são ocupadas nesse discurso e como essas posições determinam a constituição do sujeito discursivo? Como um modo determinado de presença do interdiscurso afeta as posições de enunciação? São essas as questões que procuraremos responder neste texto.

Em nossa época, os discursos dominantes pregam a igualdade e a diluição das diferenças num mundo "globalizado". Esses discursos, que abrangem os domínios político, sociológico, econômico, ecológico e pedagógico, reproduzem formas de cultura colonial, ao mesmo tempo em que obscurecem esta sua efetiva determinação. Tudo se passa como se o colonialismo fosse algo do passado, que nada tivesse a ver com os nossos tempos.

Sabemos, porém, que os sentidos dos discursos não se fecham em momentos específicos da história; eles produzem reverberações em outros momentos e contextos e interpelam-nos em sujeitos ideológicos das formas mais inesperadas. Para que se possa compreender os efeitos das matrizes colonialistas na formação de identidades, matrizes que nos constituem historicamente como sujeitos políticos, é necessário analisar o processo de formação do discurso colonial, possibilitando, assim, a crítica dessas formas de cultura colonial tal como elas se representam em nosso presente histórico. Concordando com Thomas (1994), é preciso encontrar maneiras de olhar o presente de outro modo e contestar formas de cultura colonial hoje que não são reconhecidas como tal.

Para a análise do discurso colonial britânico, este trabalho insere-se no quadro teórico da análise do discurso desenvolvida na França a partir do final da década de 60 que teve em Michel Pêcheux seu grande teórico. A especificidade dessa perspectiva está em se contrapor, de um lado, à lingüística clássica, pela formulação de uma semântica discursiva que pretende dar conta da construção de sentidos em discursos reais, que sofrem necessariamente uma determinação histórica; e, de outro, ao conteudismo e empirismo do método das ciências sociais, que toma a linguagem como transparente, o que pressupõe uma relação direta (não mediada) entre linguagem e mundo.

Em linhas gerais, a análise do discurso propõe:

a) uma concepção de língua entendida não como sistema abstrato, mas como materialidade que produz sentidos, em sua relativa autonomia;
b) uma concepção de história tomada não como cronologia, e sim também como materialidade que intervém na língua, sob a forma da ideologia, para produzir sentidos;

c) uma concepção de sujeito oposta tanto à concepção idealista de sujeito universal quanto à de sujeito intencional visto como origem e senhor consciente de seu discurso. O sujeito é tomado na sua constituição histórica, atravessado pelos discursos que o constituem e interpelado pela ideologia;
d) uma concepção de objeto — o *discurso* — como ligação da língua com a sociedade apreendida pela história. O discurso tem uma materialidade que é lingüística e histórica ao mesmo tempo.

Um postulado básico da análise do discurso é o primado da alteridade, isto é, a compreensão de que os sentidos de um discurso são constituídos no seu exterior, no seu interdiscurso. O primeiro capítulo enfatiza a importância dessa perspectiva para uma análise do tipo semântico-enunciativa como a que empreendemos. Esse gênero de análise toma o acontecimento enunciativo como lugar de observação dos sentidos de um discurso determinado para nele compreender o funcionamento da língua na sua historicidade. Precisamente, a perspectiva que se impõe para uma análise semântico-enunciativa que entende que o acontecimento enunciativo é constituído na historicidade, conforme descrito no capítulo 2, é a apreensão das relações de um discurso com seu exterior constitutivo. Sob esse foco, o analista terminará por verificar que o exterior discursivo (o interdiscurso) tem modos de se tornar presente que, supomos, variam de um discurso a outro.

Retomando o já dito, nossa investigação procurou verificar com que regiões de seu interdiscurso o discurso político britânico sobre a transferência de poder em um momento de "transição" se relaciona para constituir sentidos e o modo de presença desse interdiscurso na construção discursiva do eu, do outro e da relação entre colonizador e colonizado nesse discurso específico. Com essa análise, esperamos contribuir, no campo teórico-metodológico, para o entendimento das formas de relação entre um discurso e seu interdiscurso, ou, mais especificamente, das modalidades de presença do interdiscurso.

Os capítulos 1 e 2 do livro desenham o quadro teórico no qual nos situamos. Assim, o primeiro capítulo percorre brevemente o percurso da linha de análise do discurso que nos interessa, definindo os principais conceitos utilizados na análise.

Como empreendemos uma análise semântico-enunciativa, precisamos também recorrer à semântica da enunciação e, dentro dessa área, a uma perspectiva que conseguisse apreender o acontecimento enunciativo em sua historicidade. Por esse motivo, apresentamos, no capítulo 2, diferentes concepções dentro da semântica da enunciação, aí situando a perspectiva que fundamenta nossa investigação.

No capítulo 3 descrevemos a constituição do *corpus* discursivo sobre o qual nos debruçamos para a análise e procuramos também explicitar as condições históricas em que se produziram os materiais textuais que compõem o *corpus*.

Antes de empreender a análise do *corpus*, julgamos relevante apresentar a análise de sentidos do discurso colonial sob outras óticas, como forma de delinear o universo discursivo no qual o discurso político britânico que é objeto deste trabalho está inserido. Esse é o conteúdo do capítulo 4.

O capítulo 5 é o primeiro dos três capítulos de análise. Nele encontra-se a análise de um dos dois recortes discursivos que efetuamos no *corpus* — os discursos político e missionário sobre a Índia no século XIX — feita com o propósito de demonstrar de que formas o discurso político britânico pré-independência se relaciona com sua memória discursiva.

Nos capítulos 6 e 7 procedemos à análise do recorte efetuado no interior do discurso político britânico pré-independência.

O capítulo 6 é dedicado à análise discursiva de dois tipos de designação, a saber, do processo de independência da Índia e da relação entre britânicos e indianos, e de predicações sobre o processo de independência. Finalmente, o capítulo 7 mostra a análise de uma relação enunciativo-dêitica que marca as posições de enunciação. São operações lingüísticas através das quais pudemos compreender os efeitos de sentido produzidos pelo discurso em questão em relação às formas de representação do eu e do outro que, por conseguinte, fornecem indícios da relação colonial entre britânicos e indianos.

# Nota

[1] O sintagma "transferência de poder" foi o termo adotado no discurso político britânico do período para designar a concessão da independência aos indianos. Pelos efeitos de sentido que esse termo produziu, ele merece uma análise detalhada. Esta encontra-se no capítulo 6 deste texto.

Parte I

PERCURSO TEÓRICO
DISCURSO E ENUNCIAÇÃO

## Capítulo 1
## ANÁLISE DO DISCURSO, SUJEITO E INTERDISCURSIVIDADE

> "Quand on lui montre la lune, l'imbecile regarde le doigt."
> Et en effet, pourquoi pas? Pourquoi l'analyse de discours ne porterait-elle pas son regard sur les gestes de désignation plutôt que sur les designata, sur les procédures de montage et les constructions plutôt que sur les significations?
>
> M. PÊCHEUX, "Rôle de la mémoire"\*

Este capítulo aborda os principais conceitos da análise do discurso de linha francesa que serão relevantes para a investigação empreendida em nosso estudo. Por meio de um breve histórico do desenvolvimento da análise do discurso desde o final da década de 60, ressaltam-se os aspectos problemáticos, as críticas e as soluções que foram sendo buscadas ao longo do tempo, para desembocar nas questões que são colocadas hoje e aí situar nossa análise. Pretende-se, com ela, lançar alguma contribuição à problemática do *modo de presença* do interdiscurso num determinado *corpus* discursivo, tomando-se como pressuposto que o discurso é constituído pelo seu exterior (interdiscurso).

*A análise do discurso e sua história*

Uma incursão pelas três fases da análise do discurso desenvolvida por Michel Pêcheux revela que houve, na passagem de uma

---
\* In D. Maldidier, *L'inquiétude du discours: textos de Michel Pêcheux*, 1990.

fase a outra, mudanças de caráter não apenas metodológico, mas também teórico. Da primeira à terceira fase, ocorreu o abandono de uma posição "estruturalista" que se traduzia, de um lado, numa rigidez na seqüência das etapas da análise — que partia da análise sintática de enunciados elementares para chegar à fase interpretativa de seqüências do *corpus* e, assim, remontar à análise dos processos discursivos — por uma "máquina autodeterminada e fechada sobre si mesma" (Pêcheux, 1983a, p. 311) e, de outro, numa concepção de sujeito concebido apenas como o efeito de assujeitamento à máquina estrutural. Também a exigência de constituição de *corpora* em condições de produção homogêneas e estáveis deixou de existir, como conseqüência da mobilização do conceito de formação discursiva, emprestado de Foucault, embora, conforme lembra Serrani (1993), deva-se mencionar que houve a incorporação dessa noção já anteriormente à segunda fase da análise do discurso, em Haroche, Henry e Pêcheux (1971).

Na primeira fase, análise automática do discurso (AAD-69), partia-se do levantamento de palavras e proposições que pertencessem a um conjunto de discursos engendrados por uma, e apenas uma, máquina discursiva. A análise automática apresentava como resultado uma série de enunciados elementares e de relações entre as frases, que podiam estar em relação de equivalência semântica ou não. Palavras e proposições literalmente diferentes podem ser dotadas do mesmo sentido, apresentado por meio de relações de substituição, sinonímia e paráfrase, sendo essa a condição para formarem um conjunto. Com isso, remontava-se ao processo discursivo. Supunha-se a existência de discursos homogêneos e, através da análise, procurava-se suprimir toda forma de heterogeneidade. Não havia, ainda, condições teóricas para a postulação posterior da primazia do interdiscurso, isto é, da alteridade, do heterogêneo, sobre o discurso.

Contudo, há vários aspectos positivos e essenciais nessa primeira fase. Um é a tentativa de se proceder a uma análise não-subjetiva dos efeitos de sentido, uma análise que não ficasse presa à ilusão do sujeito de ser a origem do sentido.¹ Outro é o rompimento com uma concepção reducionista da linguagem, que a entende como instrumento de comunicação (cf. crítica de Henry, 1983). Essa concepção instrumental tradicional da linguagem é rejeitada por Pêcheux já na própria definição do objeto da análise do discurso: o discurso como objeto atravessado simultaneamente pela língua e pela ideologia e irredutível a uma ou a outra. Um terceiro aspecto positivo é a elaboração do conceito de relações de sentido entre discursos, o qual mostra que sempre um discurso remete a um ou a vários outros e, portanto, o processo discursivo não tem um início determinado, conforme explicitado em Pêcheux (1969). Essa característica dos discursos coloca, para o autor, a inviabilidade de se analisar um discurso como um texto. Um texto seria "uma seqüência lingüística fechada sobre si mesma"; para analisar um discurso, "é necessário referi-lo ao *conjunto de discursos possíveis* a partir de um estado definido das condições de produção" (Pêcheux, 1969, p. 79).² Por último, mas não menos importante, está, já nessa primeira fase, a proposta de articulação do lingüístico com o histórico-social, através do conceito de determinação do processo discursivo pelas suas condições de produção. Esse traço permite ao analista ir além da superfície discursiva e apreender o discurso como "efeito de sentidos" entre interlocutores, na definição do próprio Pêcheux.

Mas faltam, ainda, na AAD-69, uma reflexão sobre a enunciação e uma elaboração mais profunda do conceito de sujeito. Na primeira fase da análise do discurso, trata-se de um sujeito que, embora concebido como assujeitado pela estrutura e, portanto, distante tanto do sujeito psicológico universal (como o sujeito da teoria gerativa, por exemplo) quanto do sujeito intencional teorizado por uma postura fenomenológica da semântica da enunciação e da pragmática (cf. Pêcheux, 1983a), é visto como produtor de discurso dentro da perspectiva de homogeneidade enunciativa e do primado do mesmo. É sobretudo a introdução do conceito de heterogeneidade enunciativa, de que trataremos no segundo capítulo, que permite o deslocamento da noção de sujeito para concebê-lo como sujeito atravessado pela alteridade que o constitui, ao mesmo tempo que o mantém na ilusão do um (do ego-eu como enunciador que estrutura solitária e conscientemente o seu dizer).

O procedimento metodológico da AAD-69 pressupunha a homogeneidade enunciativa das seqüências analisadas, conforme assinala criticamente Pêcheux (1983a), perspectiva que foi abandonada posteriormente, como resultado da interação cumulativa de momentos de análise lingüística e análise discursiva. Essa nova postura metodológica teve importantes desdobramentos. Ela permitiu o enfoque sobre o acontecimento e não mais apenas sobre a estrutura, posição explicitada em Pêcheux (1983b), com o conseqüente deslocamento da noção de constituição do discurso, que passou a ser concebido como constituído no entrecruzamento entre a estrutura e o acontecimento. Permitiu também a percepção de lugares enunciativos plurais no fio do discurso, dentro da perspectiva de que a heterogeneidade enunciativa é constitutiva do discurso.

Críticas à fase inicial da análise do discurso centraram-se, entre outros pontos já mencionados, na escolha dos termos-pivô como objeto privilegiado de investigação, assim como no método de escolha que, por fazer a opção por vocábulos, sobretudo substantivos, imediatamente defináveis como possuidores de um conteúdo ideológico, acabava por definir antecipadamente e por meio de um saber histórico exterior ao funcionamento discursivo os temas (dados pelos termos-pivô, no caso) a serem abordados.[3] Problemática também era a análise dos termos-pivô de forma dissociada do fenômeno enunciativo, postura compreensível face à ausência de uma teoria da enunciação condizente com os postulados da análise do discurso.

Tais críticas levaram a tentativas posteriores de ampliação do espectro de elementos textuais passíveis de análise, apresentando como conseqüência a mobilização de outras dimensões da discursividade, como, por exemplo, a relação entre o "exterior" e o "interior" da língua, ou o estatuto da voz ou vozes que ocupam o lugar de enunciação, que resultaram, segundo Maingueneau (1987, p. 187), em "uma mudança global na forma de considerar o discurso".

A AD-2 promove um deslocamento teórico em relação à primeira fase ao lançar o olhar para as relações entre processos discursivos. Esse novo enfoque é possibilitado pela introdução sobretudo das noções de formação discursiva e interdiscurso,[4] que fazem implodir a idéia de máquina estrutural fechada da AAD-69, ao colocar, no interior de um discurso, elementos vindos de outro lugar, do seu exterior, e que o constituem (cf. Pêcheux, 1983a).

Mas é na terceira fase, AD-3, que se desconstrói definitivamente a noção de máquina discursiva estrutural, pela acentuação do primado da alteridade sobre o mesmo, com o aprofundamento do conceito de interdiscurso. Num primeiro momento, esse deslocamento causa questionamentos entre os analistas, a respeito, por exemplo, do objeto próprio para a análise do discurso (cf. Courtine e Marandin, 1981), ou do estatuto do sujeito da enunciação, o que suscita, para Pêcheux (1983a), a interrogação sobre como separar, no sujeito da enunciação, o registro funcional do "ego-eu", enunciador estratégico que se apresenta como responsável pelo seu dizer, de uma posição do sujeito afetado pelo interdiscurso e, por conseqüência, desprovido de controle estratégico. Adquirem ênfase, também, as tentativas de diálogo da análise do discurso com outras áreas, notadamente a história, a lingüística e a psicanálise, ou de delimitação de sua especificidade (cf. Conein et al., 1981 e Pêcheux, 1984).

O que predomina nas análises dessa fase, segundo a ótica de Pêcheux (1983a), são pesquisas sobre os encadeamentos intradiscursivos, que permitem à análise do discurso "abordar o estudo da *construção* dos objetos discursivos e dos acontecimentos, e também dos 'pontos de vista' e 'lugares enunciativos no fio intradiscursivo'" (op. cit., p. 316). O que se busca, a partir daí, na visão de Maingueneau (1987), é uma reflexão sobre a própria *identidade* discursiva.

*Discurso e formação discursiva*

O conceito de formação discursiva, emprestado de Foucault, vem colocar, no interior do próprio discurso, a irredutibilidade da dispersão e do heterogêneo. Para Foucault (1969), aquilo que define uma formação discursiva não é a *unidade* que apenas aparentemente existe entre enunciados, mas sim um *sistema de dispersão* que, de alguma forma, entretanto, torna possível detectar uma regularidade entre enunciados:[5]

> [A] análise [de uma formação discursiva] [...] estudaria formas de repartição [...], descreveria sistemas de dispersão. No caso em que se puder descrever, entre um certo número de enunciados, semelhante sistema de dispersão, e no caso em que entre os objetos, os tipos de enunciação, os conceitos, as escolhas temáticas, se puder definir uma regularidade (uma ordem, correlações, posições e funcionamentos, transformações), diremos, por convenção, que se trata de uma *formação discursiva* (idem, op. cit., p. 43).[6]

A importância de se atentar para a definição de formação discursiva enquanto sistema de dispersão está, segundo Courtine (1981), no fato de se poder colocar a contradição entre a unidade e a diversidade, ou entre a coerência e a heterogeneidade, no âmago das formações discursivas e de pensá-las como unidades divididas. Uma vez que se define em sua relação paradoxal com seu exterior, isto é, com outras formações discursivas, a formação discursiva traz a alteridade para dentro do mesmo, fazendo com que se desestabilizasse a garantia de homogeneidade socioistórica de formação de um *corpus*, presente na primeira fase da análise do discurso.

Há um deslocamento, efetuado por Pêcheux no artigo do número 37 de *Langages* (Pêcheux e Fuchs, 1975) e em *Semântica e discurso* (Pêcheux, 1975), da noção de "bloco homogêneo" para o caráter dividido de toda formação discursiva, nunca idêntica a si mesma. Fica evidente, portanto, que o conceito de formação discursiva aparece como elemento fundamental a partir da segunda fase da análise do discurso, elemento este que possibilita justamente a compreensão de que um discurso se mostra sempre irredutivelmente heterogêneo.

Tal noção de formação discursiva questiona a tentativa de postulação de condições de produção homogêneas, as quais, por sua vez, construiriam objetos discursivos igualmente homogêneos. A acepção foucaultiana deixa claro que a heterogeneidade (de objetos, de tipos de enunciação, de conceitos) está no cerne mesmo de uma formação discursiva, de sorte que os discursos aí produzidos não podem deixar de constituir um feixe de elementos heterogêneos e contraditórios.

Repetindo a definição formulada em Haroche, Henry e Pêcheux (1971), Pêcheux (1975, p. 160) reapresenta o conceito de formação discursiva em sua correspondência com as formações ideológicas:

> [A]s palavras, expressões, proposições etc., mudam de sentido segundo as posições sustentadas por aqueles que as empregam, o que quer dizer que elas adquirem seu sentido em referência a essas posições, isto é, em referência às *formações ideológicas* [...] nas quais essas posições se inscrevem.

Chamaremos, então, *formação discursiva* aquilo que, numa formação ideológica dada, isto é, a partir de uma posição dada numa conjuntura dada, determinada pelo estado da luta de classes, determina *o que pode e deve ser dito* (articulado sob a forma de uma arenga, de um sermão, de um panfleto, de uma exposição, de um programa etc.).

Pêcheux e Fuchs (1975, p. 177) explicitam a relação da formação discursiva com um exterior heterogêneo, isto é, com o interdiscurso, afirmando que "uma formação discursiva é constituída-margeada pelo que lhe é exterior, logo por *aquilo que aí é estritamente não-formulável, já que a determina*".

Na interpretação de Maldidier (1990), a noção de formação discursiva desaparece nos últimos escritos de Pêcheux, mantendo-se somente o conceito central de interdiscurso.

Pêcheux (1983b), de fato, questiona o *uso* da noção de formação discursiva na análise do discurso, que, segundo ele, muitas vezes derivou para a idéia de uma máquina discursiva de assujeitamento voltada à repetição, idéia que condizia com a noção de máquina estrutural a impor uma sobre-interpretação antecipadora a um determinado *corpus* discursivo. Essa premissa, própria da primeira fase da análise do discurso e, em certa medida, também presente na segunda, foi abandonada na terceira fase, sobretudo pelo estabelecimento do caráter central do acontecimento em sua relação com a estrutura no interior de um espaço discursivo e da centralidade atribuída ao interdiscurso, definido como o já-dito em outro lugar, anteriormente, e como o elemento que constrói o sentido de uma seqüência discursiva.

Entretanto, parece-nos que o conceito de formação discursiva é produtivo se definirmos uma formação discursiva a partir de seu interdiscurso, e não o contrário, seguindo a proposta de Courtine e Marandin (1981). Nessa perspectiva, é o interdiscurso que aparece no cerne do processo de constituição dos sentidos, enquanto, pode-se dizer, as formas de agrupamento dos sentidos seriam as formações discursivas.

Outros analistas de discurso, tais como Maingueneau (1987), Orlandi (1988, 1992 e 1999) e Achard (1995), continuam encontrando pertinência na noção de formação discursiva, ao estabelecerem uma relação de associação entre a formação discursiva e o interdiscurso. Para esclarecer essa relação, vale lembrar a definição de Orlandi (1992: 20):

> As formações discursivas são diferentes regiões que recortam o interdiscurso (o dizível, a memória do dizer) e que refletem as diferenças ideológicas, o modo como as posições dos sujeitos, seus lugares sociais aí representados, constituem sentidos diferentes. O dizível (o interdiscurso) se parte em diferentes regiões (as diferentes formações discursivas) desigualmente acessíveis aos diferentes locutores.

Em outro texto (Orlandi, 1994), Orlandi explicita a sua diferença em relação a Maldidier e outros analistas quanto à forma de considerar a noção de formação discursiva, voltando a afirmar a importância dessa noção para o analista de discurso. As formações discursivas devem ser definidas como "regiões de confronto de sentidos" (op. cit., p. 11) que se encontram em permanente movimento e mudança. No entanto, para a autora, são elas que determinam as relações de sentidos quando se estabelecem num "gesto de significação", ainda que momentaneamente; daí a sua importância.

*Discurso, pré-construído e interdiscurso*

É na segunda fase da análise do discurso, a partir da incorporação do conceito de formação discursiva, que se torna possível formular a noção de interdiscurso, definido em Pêcheux (1983a, p. 314) como "'o exterior específico' de uma formação discursiva enquanto este irrompe nesta formação discursiva para constituí-la".

Porém, na primeira fase da análise do discurso, Pêcheux já pressupunha a exterioridade do discurso como o atravessamento do "já-ouvido" ou "já-dito", numa reflexão que prenunciava o conceito de pré-construído (ressalvando-se que esse conceito foi formulado em conjunto com Paul Henry) e o de interdiscurso (cf. Pêcheux, 1969).

O pré-construído foi elaborado por Pêcheux e Henry (cf. Pêcheux, 1975 e Henry, 1977) para designar as formas sintáticas de encadeamento gramatical, tais como as orações relativas, que recuperam fragmentos de discursos anteriores cujo enunciador foi esquecido, nas palavras de Maldidier e Guilhaumou (1994). O pré-construído é o traço, no nível sintático, dessas construções exteriores e pré-existentes ao enunciado, daí o efeito de evidência que ele causa (como já estando lá), em oposição ao que é construído no enunciado.

O interdiscurso é o domínio do dizível que constitui as formações discursivas. Ou seja, o que pode ser dito em cada formação discursiva depende daquilo que é ideologicamente formulável no espaço do interdiscurso. A ele se liga o pré-construído, segundo Pêcheux (1975: 162), no sentido de que "o efeito de encadeamento do pré-construído [...] [é] [...] determinad[o] materialmente na própria estrutura do interdiscurso". Portanto, é neste último que se constitui o sentido, embora seja próprio de toda formação discursiva dissimular sua dependência do interdiscurso, como se os sentidos fossem sempre nascidos no momento da enunciação. Porém, ressalta Pêcheux, o funcionamento do interdiscurso como instância que determina o sentido não implica a existência de um real além do exterior que é o interdiscurso. O interdiscurso *é* esse real (exterior).

O interdiscurso liga os processos discursivos com a memória, sendo mesmo definido por Orlandi (1992) como a memória do dizer. Continua a autora, retomando Pêcheux:

> O interdiscurso é o conjunto do dizível, histórica e lingüisticamente definido. Pelo conceito de interdiscurso, Pêcheux nos indica que sempre já há discurso, ou seja, que o enunciável (o dizível) já está aí e é exterior ao sujeito enunciador. Ele se apresenta como séries de formulações que derivam de enunciações distintas e dispersas que formam em seu conjunto o domínio da memória. Esse domínio constitui a exterioridade discursiva para o sujeito do discurso" (op. cit., pp. 89-90).

Em relação ao interdiscurso, instância de constituição do sentido, conforme dito acima, pode-se definir o intradiscurso como o "fio do discurso do sujeito" (Pêcheux, op. cit., p. 167), aquilo que é dito no acontecimento enunciativo e que, pelo efeito de interpelação do sujeito pela ideologia, aparece-lhe como o lugar de produção do sentido. Na verdade, esse "esquecimento" do sujeito é efeito do funcionamento do interdiscurso.

Entretanto, é importante frisar que o domínio do repetível não pode ser entendido como aquilo que condena o sujeito a apenas repetir o já-dito. Para entender a relação do sujeito com o interdiscurso, é necessário atentar para a advertência de Orlandi (op. cit., p. 90): "é preciso entender essa relação do enunciável com o sujeito em sua duplicidade. O que despossui o sujeito é o que, ao mesmo tempo, torna seu dizer possível; é recorrendo ao já-dito que o sujeito ressignifica. E se significa".

Com a definição de interdiscurso, esclarece-se o que foi dito acima sobre a formulação do conceito do primado da alteridade na análise do discurso, a partir de um certo momento. O primado da alteridade sobre o mesmo é o primado do interdiscurso sobre o discurso, dado pelo caráter histórico-material de constituição deste último.

*O conceito de sujeito na análise do discurso*

A análise do discurso refuta, desde o início, tanto a concepção formalista de sujeito, a qual propõe um sujeito universal porque "idêntico, em um certo nível, a uma 'máquina lógica', capaz de operações (de substituição, concatenação etc.) características da interpretação e composição de toda mensagem" (Henry, 1977, p. 118), quanto a concepção subjetivista, em cuja base está a identificação entre sujeito e indivíduo e na qual o sujeito é concebido como sendo consciente, intencional e senhor do seu discurso. É o próprio Pêcheux (1983a, p. 311) quem afirma que, desde a primeira fase da análise do discurso, se "produz uma recusa [...] de qualquer metalíngua universal supostamente inscrita no inatismo do espírito humano, e de toda suposição de um sujeito intencional como origem enunciadora de seu discurso".

À concepção idealista de uma língua sem sujeito, esvaziada de todo "ser", o que a tornaria logicamente perfeita, concepção essa apoiada no mito empírico-subjetivista, que acredita poder passar, por meio de um apagamento progressivo, do sujeito concreto individual ao sujeito universal, "situado em toda parte e em lugar nenhum, e que pensa por meio de conceitos" (Pêcheux, 1975, p. 127), Pêcheux opõe uma teoria materialista de sujeito que, primeiramente, define ideologias não como idéias, mas como forças materiais e, em segundo lugar, as concebe não como tendo origem nos sujeitos, e sim como constituindo os indivíduos em sujeitos. Baseando-se na formulação de Althusser sobre sujeito e ideologia, Pêcheux deixa claro que o sujeito, para ele, é o sujeito da ideologia, pois que não existe outro, o qual, por conseqüência, não poderia ser origem, pois que é efeito.

No entanto, conforme dito acima, a AAD-69, embora já apresentasse uma concepção materialista de sujeito, partia da premissa de que as condições de produção dos discursos eram homogêneas, não permitindo que se pensasse o sujeito dialogicamente construído por outros discursos (o lugar do outro). É a partir do refinamento da noção de interdiscurso, que tem como conseqüência a postulação do primado da alteridade, que o sujeito da análise do discurso tornar-se-á um sujeito atravessado pelo inconsciente, um sujeito no qual "ça parle".

Esse sujeito, que não é a origem de seu discurso, é afetado por dois esquecimentos. Postulados por Pêcheux e denominados esquecimentos nº 1 e nº 2, eles estão ligados respectivamente ao interdiscurso e à enunciação e têm, portanto, naturezas distintas. Pêcheux (1975) lança mão da terminologia freudiana para explicar que o "esquecimento nº 1" é de natureza inconsciente, enquanto o "esquecimento nº 2" funciona na zona do pré-consciente–consciente.[7] Essa distinção indica que o sujeito pode penetrar na zona do esquecimento nº 2 de modo consciente (por exemplo, ao se voltar para o seu próprio discurso com o propósito de corrigi-lo, explicitá-lo, reformulá-lo ou aprofundá-lo, sempre em função de um interlocutor, ou melhor, da imagem que ele, sujeito, faz do seu interlocutor), ao passo que seu acesso à zona do esquecimento nº 1 lhe é constitutivamente negado. Essa é a esfera do interdiscurso, na qual se dá a interpelação-assujeitamento do sujeito pela ideologia.

O traço que define a função-sujeito é a ilusão constitutiva de ser a origem do que diz pelo mascaramento ideológico de que seu discurso sempre remete a um Outro. Esse é o efeito ideológico elementar: o modo pelo qual o indivíduo é constituído na posição de sujeito não lhe é acessível. Segundo Orlandi (1996, p. 49), o "sujeito que se define como 'posição' é um sujeito que se produz entre diferentes discursos, numa relação regrada com a memória do dizer (o interdiscurso), definindo-se em função de uma formação discursiva na relação com as demais". Aí se distingue um espaço exterior ao discurso e ao sujeito que é da ordem do essencialmente não-formulável, de um "espaço subjetivo da enunciação", por onde o sujeito falante circula e promove "deslocamentos no interior do

formulável" (Pêcheux e Fuchs, 1975, p. 178). Constata-se, assim, que a definição da noção de interdiscurso e, por via de conseqüência, do primado da alteridade é essencial para o aprofundamento do conceito de sujeito na análise do discurso.
Tem-se, pois, na análise do discurso, uma teoria não-subjetivista da subjetividade. Contudo, o assujeitamento a uma estrutura sobredeterminante, nas primeiras fases, resulta num conceito de sujeito como efeito-sujeito (isto é, a forma-sujeito como puro efeito ideológico), perspectiva que será corrigida, a nosso ver, na última fase da análise do discurso de Pêcheux, em função do enfoque sobre o entrecruzamento entre estrutura e acontecimento.[8]

Assinalam Orlandi e Guimarães (1988) que o sujeito da análise do discurso é um sujeito caracterizado pela divisão e dispersão, uma vez que é produzido na relação com o interdiscurso, mas que se apresenta com a aparência (ilusão) de unidade, precisamente porque nele opera o esquecimento nº 1.

*Perspectivas para a análise do discurso*

Na questão metodológica, um ponto central deixado por Pêcheux em seus últimos escritos (notadamente em Pêcheux, 1983a e 1983b) que, a nosso ver, contribui para distinguir a AD de outras linhas de análise do discurso é a necessária alternância de momentos de análise lingüística e discursiva, que acarreta a incessante reconfiguração do *corpus* e, conseqüentemente, a produção de novas interpretações.

As mudanças de caráter metodológico que foram se operando ao longo da trajetória de Pêcheux causaram modificações no campo teórico deixando clara, para esse teórico, a necessidade de entrecruzamento de três caminhos: o da estrutura, o do acontecimento e o da relação tensa entre a análise como descrição e a análise como interpretação, para dar conta de universos discursivos não-estabilizados ou estabilizáveis. Na verdade, tal entrecruzamento faz surgir a questão do estatuto das discursividades que trabalham um acontecimento, no qual se cruzam proposições logicamente estáveis com formulações não-estabilizadas. Perguntas que podem ser colocadas são: qual o resultado de tais trocas de trajetos? A desestabilização presente nas formulações equívocas e opacas do acontecimento não provocaria um efeito de desestabilização também na estrutura aparentemente estabilizada dos objetos discursivos de porte estável? Enfim, pensar-se o discurso como acontecimento também, e não só como estrutura, acarreta mudanças inescapáveis de caminhos teóricos e metodológicos para a análise do discurso.

Por exemplo, essa visão de um espaço discursivo como o ponto de contato entre a estrutura e o acontecimento permite perceber com mais clareza o primado da alteridade sobre o mesmo ou, dito de outra forma, o efeito de sobredeterminação pelo qual o interdiscurso afeta o intradiscurso. Parece-nos, portanto, que essa relação entre intradiscurso e interdiscurso, em que se tenta depreender o modo de presença do interdiscurso por meio da análise lingüístico-discursiva das formulações presentes no intradiscurso, é um campo aberto a muitas e profícuas investigações e é onde se insere a nossa análise neste trabalho. De fato, em um de seus últimos textos, escrito em 1983 e publicado em 1990, Pêcheux apresentava como objetivo de um projeto de pesquisa futuro justamente essa questão: estudar as incidências do interdiscurso na análise de seqüências discursivas, pressupondo que havia modalidades diversas sob as quais os efeitos interdiscursivos intervinham nas seqüências. Acreditamos que análises desse gênero possam nos informar, por exemplo, sobre as possíveis ligações entre tipos de discursos, processos de enunciação e diferentes modalidades de presença do interdiscurso.

No caso deste estudo, por meio de uma análise que privilegia sobretudo o léxico[9] como lugar de observação da relação de um discurso com regiões de seu interdiscurso, pretendemos mostrar um modo de presença do interdiscurso que tem como conseqüência a constituição de um discurso por tensões que não se dissolvem; tensões que, ao contrário, coexistem contraditoriamente.

As questões que delineamos acima parecem estar no horizonte das preocupações de analistas de discurso que procuram pensar a continuidade dos caminhos da análise do discurso. Maingueneau (1987, p. 119), por exemplo, pergunta se "deve-se procurar definir uma semântica de operações abstratas para sobre elas articular o conjunto do discurso" ou, ao contrário, "deve-se fundamentar a abordagem sobre procedimentos de análise morfossintática e lexical associados aos estudos dos fenômenos enunciativos", concluindo que, segundo a direção escolhida, a primazia do interdiscurso leva a caminhos e procedimentos muito diversos.

O seu caminho consiste em investigar a interdiscursividade a partir da apreensão da interação *entre* formações discursivas, o que implica definir a identidade discursiva enquanto construída na relação com o Outro. Essa ótica o faz concluir que, no trabalho de um discurso sobre outros discursos (condição para se postular que a interdiscursividade é constitutiva), o resultado é a interincompreensão, isto é, o sentido produzido é um mal-entendido sistemático e constitutivo do espaço discursivo.

O funcionamento do interdiscurso, com sua determinação sobre o eixo discursivo através de pré-construídos, permitiu o direcionamento de vários trabalhos para a investigação sobre a memória discursiva (como, por exemplo, Courtine, 1981), elemento que se encontra na base de toda formação discursiva. Esse caminho continua aberto, tendo sido até mesmo objeto de um número da revista *Langages* (no 114, 1994), que reúne trabalhos que procuram investigar os modos de existência da memória na ordem do discurso.

No Brasil, a reflexão teórica de Orlandi sobre o silêncio e sua relação com a discursividade (1992)[10] e sobre o estatuto da interpretação nas questões da autoria e da leitura, seja em espaços discursivos logicamente estáveis ou não (1996), também é decorrente, em muitos aspectos, das bases deixadas por Pêcheux em seus últimos trabalhos.

No mundo anglo-saxão, houve o desenvolvimento de uma linha de análise do discurso denominada "análise crítica do discurso", cujo expoente é Fairclough (1989, 1992), que foi influenciada por Althusser, Foucault e Pêcheux em alguns aspectos, e estabeleceu alguns pontos de contato com a análise do discurso francesa, no que diz respeito à relação entre discurso, sujeito, ideologia e interdiscursividade. Fairclough (1992, p. 12) define as abordagens críticas como abordagens que buscam mostrar "como o discurso é moldado por relações de poder e ideologias, e os efeitos de construção que o discurso tem sobre as identidades sociais, as relações sociais e os sistemas de conhecimento e crenças, nenhum dos quais é normalmente percebido pelos participantes do discurso".[11] Essa postura surgiu em oposição a uma análise do discurso rotulada como não-crítica, que se concentra basicamente na descrição de formas interativas, tomadas como produtos textuais dissociados dos processos sociais que as engendraram.[12]

Fundamentalmente, o campo de investigação que se abre para a análise do discurso, a partir de Pêcheux, é o da análise lingüístico-discursiva de seqüências recortadas de um campo de documentos em sua relação constitutiva com a materialidade discursiva exterior e anterior à existência das seqüências. Essa materialidade é o espaço do interdiscurso. Em seu último texto, Pêcheux (1983b, p. 53) explicita o escopo e o modo de trabalho da análise do discurso:

> Toda descrição [...] está intrinsecamente exposta ao equívoco da língua: todo enunciado é intrinsecamente suscetível de tornar-se outro, diferente de si mesmo, se deslocar discursivamente de seu sentido para derivar para um outro (a não ser que a proibição da interpretação própria ao logicamente

estável se exerça sobre ele explicitamente). Todo enunciado, toda seqüência de enunciados é, pois, lingüisticamente descritível como uma série (léxico-sintaticamente determinada) de pontos de deriva possíveis, oferecendo lugar à interpretação. É nesse espaço que pretende trabalhar a análise do discurso.

O lugar do equívoco — dos "pontos de deriva possíveis" (que, explica Orlandi (1996: 82), são os deslizes, os efeitos metafóricos) — é onde se dá a imbricação dos dois reais que constituem o discurso: o real da língua e o real da história. O real da língua, que está na capacidade que a língua tem de efetuar deslocamentos, transgressões, reorganizações, não pode ser apreendido por nenhuma teoria lingüística, pois é do domínio do equívoco que escapa às teorias. Esse real somente pode ser compreendido, pelo analista de discurso, se sobre ele se fizer funcionar o real da história (na forma do exterior — memória, interdiscurso — onde o sentido se constitui), o que possibilitará apreender-se a língua no seu funcionamento discursivo (cf. Gadet e Pêcheux, 1981).

Neste primeiro capítulo, esperamos ter enfatizado o caráter fundamental que representa a investigação da relação de um discurso com seu interdiscurso em uma análise discursiva que se insira na linha teórica que descrevemos.

No próximo capítulo, teceremos algumas considerações sobre a especificidade da análise semântico-discursiva empreendida neste estudo, a qual, por incidir sobre o acontecimento enunciativo, procurando compreender o seu funcionamento a partir da historicidade que o constitui, impõe-nos a investigação da relação do discurso com seu interdiscurso. Para tanto, faremos um breve relato da perspectiva da semântica da enunciação que orienta nossa análise, mostrando as suas diferenças e também pontos de tangência com outras perspectivas.

# Notas

[1] Pode-se dizer que, na esteira de Althusser inicialmente, Pêcheux refuta o humanismo teórico (cf. Henry, 1983) para postular sua reflexão sobre sujeito e linguagem. Refutar o humanismo teórico significa, para a formulação de uma teoria do sujeito pretendida por Pêcheux, recusar uma concepção psicologizante de sujeito, que vê na consciência e na vontade humanas o princípio explicativo da significação pela linguagem.

[2] Condições de produção são definidas por Pêcheux como as circunstâncias de produção de um discurso, circunstâncias essas que são historicamente determinadas e remetem à relação de forças e às relações de sentido nas quais um determinado discurso é produzido.

[3] No que digo, parafraseio as críticas à primeira fase da análise do discurso feitas por Maingueneau (1987).

[4] Esses conceitos serão explicitados nas seções seguintes.

[5] O conceito de *enunciado* conforme empregado na análise do discurso tem sua origem na definição de Foucault (1969). Courtine (1981) apresenta uma elaboração detalhada desse conceito, contrapondo-o ao de *formulação*, nos seguintes termos: os enunciados são os elementos próprios do saber de uma formação discursiva que se caracterizam pela repetibilidade. É a sua condição de repetibilidade que provoca a continuidade de sua existência e a sua inserção, como memória do acontecimento, no momento da enunciação. Por sua vez, as formulações são as seqüências lingüísticas que se apresentam como as realizações possíveis de um enunciado no fio do discurso. Enquanto os enunciados existem no tempo longo de uma memória, sendo, portanto, regidos pelo interdiscurso, as formulações estão ligadas ao tempo curto de uma enunciação, sob o domínio do intradiscurso. Fica evidente que essa definição de enunciado é totalmente oposta à noção estabelecida na pragmática e em algumas semânticas da enunciação, para as quais o enunciado é o produto singular, único e irrepetível da expressão verbal de um indivíduo no momento da enunciação.

⁶ O método arqueológico empregado por Foucault em obras como *A arqueologia do saber* (1969) e *As palavras e as coisas* (1966) foi criticado posteriormente (cf. Dreyfus e Rabinow, 1982) pela dificuldade que ele demonstra para encontrar um poder regulador das práticas discursivas que não sejam as próprias práticas discursivas como auto-reguladoras, sem cair no risco de postular categorias prescritivas e explanatórias, tais como a verdade e o sentido, como categorias que funcionariam aprioristica e externamente sobre qualquer discurso científico. Segundo Dreyfus e Rabinow, o erro de Foucault está em não se limitar a fornecer uma descrição das práticas discursivas, a qual mostra de maneira convincente que "existem relações complexas e regulares entre as práticas discursivas e aquilo que se mostra como objetos, sujeitos, e assim por diante" (idem, op. cit., p. 84), mas em tentar construir uma teoria prescritiva que não encontra outra saída senão propor que as mesmas regras que descrevem a sistematicidade dessas práticas discursivas são as regras que determinam, governam e controlam as referidas práticas. Porém o que se pode tirar de positivo, naquilo que nos interessa, que é o conceito de formação discursiva, é uma perspectiva inteiramente nova, que focaliza a dimensão do discurso (em contraposição a um suposto estágio "pré-sistemático" ou "pré-discursivo") como a esfera onde se formam as regularidades. Também a caracterização de formações discursivas como determinando "uma regularidade própria de processos temporais" e colocando "o princípio de articulação entre uma série de acontecimentos discursivos e outras séries de acontecimentos, transformações, mutações e processos" (Foucault, 1969, p. 82) atribui a esse conceito uma mobilidade que permite dar conta dos limites fluidos e mutáveis entre uma formação discursiva e outra e das constantes modificações dentro de uma mesma formação.

⁷ Mais adiante, no mesmo livro, Pêcheux corrige essa formulação, que faria crer na independência e autonomia do pré-consciente–consciente em relação ao inconsciente, afirmando que, na verdade, o processo primário (do inconsciente) é responsável pela retomada de uma representação verbal (consciente) para chegar a uma nova representação. Para o sujeito, as duas representações aparecem conscientemente ligadas, porém sua real articulação lhe escapa por ser do domínio do inconsciente. Dessa maneira, o sujeito tem a ilusão de que toda representação verbal, portanto toda palavra ou enunciado, contém um sentido próprio e evidente.

⁸ Em 1975, Pêcheux afirmara que o sujeito é produzido por pontos de estabilização, que são as formas socioistóricas dos domínios de pensamento. A ênfase posterior (Pêcheux, 1983b) estaria justamente no questionamento da possibilidade de as estruturas assujeitarem o sujeito de modo irremediável, fixando-o, poderíamos dizer, em pontos de estabilização discursiva, num processo de apagamento do acontecimento. É no deslocamento efetuado por Pêcheux nesse seu último texto que a ruptura com a forma-sujeito como puro efeito ideológico torna-se explícita.

⁹ A análise do léxico será feita não na forma de termos-pivô, mas sim de operações de designação, predicação e de um caso de dêixis de pessoa, que permitem compreender o modo de constituição de sentidos no acontecimento enunciativo.

[10] As formas da relação do silêncio com a linguagem serão fundamentais em nossa análise para compreendermos o funcionamento do discurso sob investigação.

[11] Esta e as demais traduções de citações do inglês e do francês são nossas.

[12] Em Fairclough (1992), encontra-se uma apresentação e discussão a respeito dessas duas abordagens de análise do discurso.

## Capítulo 2
## SEMÂNTICA DA ENUNCIAÇÃO E ANÁLISE DO DISCURSO

> O risco [de uma semântica universal] é simplesmente o de um policiamento dos enunciados, de uma normalização asséptica da leitura e do pensamento, e de um apagamento seletivo da memória histórica.
>
> M. Pêcheux, "Ler o arquivo hoje"*

Dentro da perspectiva da análise do discurso de linha francesa, o tipo de recorte que optamos por fazer neste trabalho toma o acontecimento enunciativo como o foco por onde se pode enxergar o modo de constituição dos sentidos no discurso. Para realizar uma análise desse gênero, semântico-enunciativa, é necessário primeiramente discorrer sobre o desenvolvimento da semântica da enunciação e, dentro dessa disciplina, definir a perspectiva adotada e as razões para tal. Esse é o conteúdo do presente capítulo.

*O sujeito na língua*

Logo de início, é preciso assinalar o avanço que representa para uma perspectiva discursiva da linguagem a passagem de uma semântica lexical para uma semântica da enunciação que insere o

---
* In E. Orlandi (org.) *Gestos de leitura: da história no discurso*, 1994.

sujeito na linguagem, rejeitando a concepção formalista. Nesse sentido, perspectivas teóricas sobre a enunciação, como as de Benveniste, Ducrot e Kerbrat-Orecchioni, mostram o percurso de abandono da idéia de que há uma relação direta entre sentido e referência, ou seja, entre linguagem e mundo, para a afirmação de que o sentido está inscrito na língua e que a língua é habitada pelo sujeito no ato da enunciação. Na esteira de uma tradição que remonta à semântica de Bréal (1897), para quem todas as línguas possuem palavras, formas gramaticais etc. que representam o elemento subjetivo quando se fala, postula-se que o sujeito enunciador constrói sentido porque lança mão de estruturas da língua nas quais se inscreve a subjetividade, isto é, a possibilidade de o sujeito se apresentar como *eu*.

Deve-se ressaltar, no entanto, que as teorias de Benveniste e Kerbrat-Orecchioni pressupõem, na base da situação de enunciação, um locutor uno e homogêneo.

Para Benveniste (1974, p. 82), "a enunciação é este colocar em funcionamento a língua por um ato individual de utilização". Um aspecto importante da análise desse autor sobre a enunciação é o enfoque da subjetividade como propriedade fundamental da linguagem. Segundo o autor (1966, p. 286) "[é] na linguagem e pela linguagem que o homem se constitui como sujeito; porque só a linguagem fundamenta na realidade, na sua realidade que é a do ser, o conceito de 'ego'". Parte integrante da subjetividade é a condição de diálogo que é constitutiva da pessoa: a consciência de si só é possível pelo contraste com o outro, isto é, pelo fato de o locutor remeter a si mesmo como eu no discurso e, em conseqüência, criar o *tu*. É essa constituição do sujeito a condição fundamental da linguagem, e não o processo de comunicação, que não é senão uma conseqüência pragmática. As formas de expressão da subjetividade na linguagem são os pronomes pessoais, os dêiticos e a expressão da temporalidade. São formas que não remetem a um conceito, e sim a um ato de discurso e não podem ser empregadas fora dele.

Na perspectiva de Benveniste sobre a enunciação em relação às pessoas do verbo, as duas primeiras pessoas — *eu* e *tu* — são definidas como "pessoa-eu" e "pessoa não-eu" respectivamente, em oposição à "não-pessoa" expressa pela terceira pessoa do verbo, *ele*. O *eu* se diferencia do *tu* por ser interior ao enunciado e exterior a *tu*, mas não um exterior que apaga a realidade do diálogo. Ou seja, quando saio de mim proponho um *tu* com quem estabeleço um diálogo. A forma *ele* é a da "não-pessoa" porque ela não pode fazer parte do diálogo. O fato de ela não ser intercambiável nem com *eu* nem com *tu* (que podem entre si inverter posições: o *eu* pode se transformar em *tu* e vice-versa) mostra essa impossibilidade de participação no diálogo.

O mérito da concepção de Benveniste acerca da subjetividade na linguagem está em deslocar a visão de linguagem como objeto que pode ser analisado separadamente do indivíduo enunciador, perspectiva adotada pela ciência lingüística tradicional, para uma análise lingüística realizada a partir da situação de enunciação. Entretanto, sua concepção de discurso sucumbe à ilusão do sujeito de ser uno e livre para fazer escolhas e pressupõe a enunciação como um ato sem determinação histórica.

Partindo de Benveniste e procurando pensar a subjetividade na linguagem de forma mais ampla, Kerbrat-Orecchioni (1980) analisa criticamente a perspectiva das lingüísticas da enunciação que, embora admitindo que a atividade linguageira seja, na sua totalidade, subjetiva, têm necessidade operacional de recortar a expressão da subjetividade restringindo-a a formas explícitas.

Já Kerbrat-Orecchioni conclui que a subjetividade na linguagem é onipresente (segundo a autora, somente o discurso que reproduz integralmente, em estilo direto, um enunciado anterior pode ser considerado totalmente objetivo), pois mesmo o uso de termos aparentemente objetivos (como, por exemplo, a designação de uma mesma pessoa como "o amante da ré", "o senhor Z" ou "o médico Z") nunca é inocente, no sentido de que o locutor dispõe de diversos termos que a língua lhe apresenta, numa relação mais ou menos sinonímica em função de um contexto determinado, e ele faz sua escolha. Assim, a autora denomina subjetivo:

1) a atitude que consiste em falar abertamente de si;
2) a atitude que consiste em falar de outra coisa, mas em termos mediados por uma visão interpretativa pessoal. (idem, op. cit., p. 153).

Entretanto, a autora conclui que dizer que a subjetividade está em toda a linguagem impede que se percebam diferenças entre graus e modos de subjetividade diversos e, assim, termina por propor o que, a seu ver, é o único tipo produtivo de análise, qual seja, o de identificar, diferenciar e graduar os diversos modos de manifestação da subjetividade.

Para o que nos interessa como caracterização de um percurso e uma perspectiva da semântica da enunciação, a posição de Kerbrat-Orecchioni defende uma abordagem sobre discursos reais, em oposição a um mundo e um discurso ideais, cujo enfoque não lhe parece poder abarcar as condições em que os enunciados se realizam, sobretudo o conjunto de competências do sujeito falante em processos reais de enunciação. O aspecto que deixa a desejar em sua teorização, entretanto, é a noção de enunciado como resultado de um ato individual. Novamente estamos diante de uma concepção de sujeito subjetivista, que pressupõe um indivíduo uno e dissociado da história.

A heterogeneidade, na forma da polifonia, será introduzida por Ducrot, cuja reflexão sobre a enunciação constitui, assim, um avanço em relação às outras teorias. Ducrot (1984) pretende contestar o postulado da unicidade do sujeito enunciador ao lançar a sua teoria polifônica da enunciação. O autor argumenta que a enunciação é polifônica em dois níveis. Num primeiro nível, a polifonia é postulada pela existência de diferentes personagens no discurso: um locutor,[1] que é aquele que se apresenta como responsável pelo seu dizer, e um enunciador, que representa o ponto de vista do qual se fala. O locutor e o enunciador podem não coincidir e isso ocorre quando o ponto de vista expresso no enunciado não é o do locutor. Num segundo nível, estende-se o conceito de polifonia para incluir a possibilidade de existência de diferentes perspectivas pelas quais se fala num mesmo texto. Nesse caso, tem-se a presença de vários enunciadores que apresentam, através da fala de um único sujeito falante, diferentes pontos de vista.

Um outro aspecto no qual Ducrot avança, a nosso ver, é a sua afirmação sobre o caráter histórico da enunciação, ao defini-la como "o acontecimento constituído pelo aparecimento de um enunciado. A realização de um enunciado é de fato um acontecimento histórico: é dada existência a alguma coisa que não existia antes de se falar e que não existirá mais depois. É esta aparição momentânea que chamo 'enunciação'" (idem, op. cit., p. 168). Definição semelhante já havia sido feita em Anscrombe e Ducrot (1976), com ênfase no aspecto de irrepetibilidade do enunciado. Contudo, veremos adiante, nas críticas de Guimarães (1989a, 1995), as limitações da noção de história desse enfoque e as suas conseqüências para uma semântica da enunciação e uma teoria do sujeito.

Também procurando pensar os limites da subjetividade, Parret (1988) lança os fundamentos para uma *pragmática enunciativa* que vá além do reducionismo de se atentar apenas para o enunciado (no sentido lingüístico-pragmático), ou, em suas palavras, para a enunciação enunciada, o que significa restringir-se aos indicadores e marcadores convencionais da subjetividade. Sua perspectiva pretende transcender o "império observável das convenções lingüísticas" (idem,op. cit., p. 8), num esforço teórico de reconstrução do contexto de ação (ou contextualidade acional) que concerne à relação de um sujeito falante, um discurso e uma realidade subjacente.

Todas essas teorizações sobre a enunciação, incluindo-se aí a perspectiva de Parret (1988) com sua proposta de unir a pragmática e a enunciação por meio da categoria da subjetividade (a subjetividade atravessando a enunciação), seguem um mesmo paradigma no que diz respeito ao conceito de subjetividade. Trata-se de algo que se traduz na expressão de um sujeito idealizado e livre de determinações sociais e históricas. Tais teorias deliberadamente introduzem o sujeito na língua, em oposição às teorias lingüísticas tradicionais, mas é sempre um sujeito ideal e não-real.

Assinala Parret (op. cit., p. 27) que, para a pragmática (incluindo aí Benveniste), a subjetividade "não é a individualidade ou a personalidade idiossincrática do falante — algo como um emaranhado de restos psicológicos originais e internos —, mas existe somente como um conjunto de propriedades determinadas no discurso do falante". Entretanto, mesmo admitindo-se que essa não é uma perspectiva psicologizante, ela não deixa de ser idealista, já que dissocia a expressão do falante no discurso de toda e qualquer perspectiva histórica de produção de discursos.

*Críticas de Pêcheux às teorias da enunciação*

Embora faltasse à análise do discurso em sua primeira fase uma teoria da enunciação, conforme apontado no capítulo anterior, no texto de 1975 Pêcheux já demonstra a preocupação em definir um conceito de enunciação que a distancie da perspectiva idealista e possa ter como horizonte a construção de uma teoria da enunciação adequada.

Dentro dessa perspectiva idealista, Pêcheux e Fuchs (1975) mencionam a teoria da enunciação de Benveniste, que mantém, segundo os autores, a noção de criatividade individual e consciente. Benveniste distingue, no interior do processo de significação, sentido e referência, reintegrando o estudo da referência ao campo da lingüística já que, para esse autor, "a língua não é apenas um sistema de signos, é também 'um instrumento de comunicação, cuja expressão é o discurso'" (Pêcheux e Fuchs, 1975, p. 233). O sentido remete ao sistema de signos, enquanto a referência remete ao discurso, sendo do domínio da lingüística discursiva. Mas é precisamente nessa caracterização de discurso que ressurge a idéia de "discurso-fala enquanto lugar da criação individual" (idem, op. cit., p. 234), mantendo-se, assim, a ilusão do sujeito enquanto indivíduo que faz escolhas conscientes.

Em oposição a posições desse tipo, Pêcheux e Fuchs definem a enunciação postulando que "os processos de enunciação consistem em uma série de determinações sucessivas pelas quais o enunciado se constitui pouco a pouco e que têm como característica colocar o "dito" e em conseqüência rejeitar o "não-dito".[2] A enunciação equivale, pois, a colocar fronteiras entre o que é "selecionado" e tornado preciso aos poucos (através do que se constitui o "universo do discurso"), e o que é rejeitado" (idem, op. cit., pp. 175-6).

Essa definição liga os processos de enunciação à zona do esquecimento nº 2 (a zona do "eu sei o que eu digo"), situado no nível pré-consciente–consciente, e é pelo efeito de funcionamento desse esquecimento que o sujeito tem a ilusão de "selecionar", "rejeitar", "colocar fronteiras" no que diz. Já a zona do esquecimento nº 1, embora não ligada diretamente aos processos de enunciação, por ser de natureza inconsciente e, portanto, inacessível ao sujeito, a eles se liga indiretamente por meio do recalque, que produz no sujeito a ilusão constitutiva de ser origem do que diz.

É justamente por causa da relação do sujeito enunciador com os dois esquecimentos que se pode pensar num sujeito da enunciação dividido, que é o conceito de sujeito pertinente para uma semântica da enunciação aplicada à análise do discurso, embora essas questões não tenham sido claramente explicitadas por Pêcheux e Fuchs no texto citado. Esse sujeito é, de um lado, marcado pela identificação imaginária com um outro que ele reconhece como um outro eu (pelo fato de o esquecimento nº 2 se situar na zona do pré-consciente–consciente). De outro lado, ele é interpelado-assujeitado pelo Outro do inconsciente (pelo modo de funcionamento do esquecimento nº 1), que o constitui como sujeito. Assim, a subjetividade tem de ser entendida como a relação do sujeito com esses dois outros, o que traz implicações para uma teoria da enunciação. Para tratar da subjetividade na língua, uma perspectiva teórica sobre a enunciação precisa assumir o caráter dividido e a determinação histórica do sujeito.

## A heterogeneidade enunciativa

A teorização de Authier-Revuz (1982, 1984 e 1995) sobre o tema da enunciação é crucial para uma teoria da enunciação adequada à análise do discurso, pois ela trata precisamente da divisão do sujeito da enunciação, ao caracterizar a questão da auto-representação no evento enunciativo. Para a autora, o sujeito é aquele que se constitui pela alternância constante entre os pontos de identidade e de deriva; é aquele que pensa ilusoriamente que pode determinar os pontos de inclusão do outro no seu discurso (efeitos do que Authier-Revuz denomina heterogeneidade mostrada ou representada), mas que é constituído pelo Outro do seu inconsciente, na acepção lacaniana, moldado pelo "além" interdiscursivo (pelo efeito da heterogeneidade constitutiva).

Em outras palavras, a enunciação apresenta-se heterogênea em dois planos. Primeiramente, nos momentos em que o sujeito enunciador toma distância das suas palavras, por um efeito qualquer de estranhamento. São muitas as expressões lingüísticas que lhe permitem colocar-se à distância: formas meta-enunciativas, como, por exemplo, "eu digo X", "o que eu chamo de X"; o uso de aspas ou itálico na escrita, ou determinados padrões de entonação, na fala; glosas de vários tipos etc. Por meio desses recursos, o sujeito sinaliza a separação entre o seu discurso e o discurso de um outro ou se volta sobre seu próprio discurso para delimitar o território do seu dizer (por exemplo, "é exatamente X que quero dizer", "não temo dizer X"). Com isso, o sujeito tem a ilusão de poder demarcar e separar exatamente as suas palavras das palavras de outros, o que se liga ao esquecimento nº 2 proposto por Pêcheux.

Num outro plano, o plano do irrepresentável, inacessível ao sujeito, a enunciação é heterogênea porque o sujeito enunciador sofre a determinação de ser constituído pelo Outro (o sujeito do inconsciente lacaniano para Authier-Revuz) que impossibilita sempre a coincidência do sujeito consigo mesmo e com suas palavras. Há sempre uma distância entre as palavras e as coisas, entre os interlocutores, entre o discurso e o seu além interdiscursivo e das palavras consigo mesmas.

Sob essa ótica, a enunciação define-se nesse entrecruzamento de heterogeneidades que constituem o sujeito enunciador.

*Uma perspectiva histórica da enunciação*

Guimarães (1989a, 1995) vem desenvolvendo, no Brasil, uma perspectiva sobre a semântica da enunciação que procura pensar o sentido e o sujeito enunciador na sua historicidade. Para tanto, o autor traz para o campo da semântica da enunciação conceitos fundamentais da análise do discurso: a historicidade do sentido e do sujeito e a relação de um discurso com o interdiscurso, que é uma relação de constituição do sentido.

Guimarães deixa clara a sua filiação a Benveniste, rejeitando a concepção psicologizante de sujeito e enfatizando a inscrição da subjetividade na língua, e a Ducrot, num certo sentido, pela elaboração do conceito de sujeito polifônico e pela introdução da dimensão histórica na caracterização da enunciação.

É a partir das teorizações de Benveniste, Anscombre e Ducrot, mas questionando alguns de seus pressupostos, que Guimarães propõe uma concepção histórica da enunciação.

Com relação a Benveniste, Guimarães ressalta um aspecto positivo, que está no fato de esse autor inscrever a subjetividade na língua, postulando que a língua em si tem formas de expressar a subjetividade, o que afasta o seu conceito de enunciação de um espaço psicológico de inclusão do intencional no ato de enunciação. Sem resvalar para o campo do psicológico, Benveniste pensa a intersubjetividade como constituída lingüisticamente, de sorte que a enunciação consiste em pôr a língua em funcionamento. No entanto, pontua Guimarães, um dos aspectos problemáticos em Benveniste é o fato desse lingüista considerar o sujeito da enunciação como central, como o sujeito "que simplesmente e onipotentemente se apropria da língua" (Guimarães, 1995, p. 47), fazendo-a significar. Isto é, basta o indivíduo apropriar-se das formas lingüísticas que servem à expressão da subjetividade para que ele se transforme em sujeito relativamente a um outro, seu interlocutor (Guimarães, 1989a).

Na semântica argumentativa desenvolvida por Ducrot tem-se, segundo Guimarães (1995), também a postulação de que há na própria língua fenômenos ligados à enunciação. Em outras palavras, Ducrot dá à argumentação um tratamento lingüístico, ao estabelecer que a relação está marcada na língua, por meio de formas que independem da situação. Esse aspecto da teoria de Ducrot é particularmente importante para Guimarães estabelecer as bases de sua concepção histórica da enunciação, uma vez que Ducrot deixa claro que a "linguagem não remete às coisas do mundo mas a uma construção que a linguagem faz destas coisas." (op. cit., p. 54). Essa posição coaduna-se com a crítica da análise do discurso a concepções conteudísticas que consideram a constituição do sentido como se dando na relação direta e transparente da linguagem com as coisas do mundo.

A outra questão em Ducrot é a da definição da enunciação como um acontecimento histórico de surgimento de um enunciado, o qual se caracteriza por sua irrepetibilidade. É esse caráter de acontecimento sempre novo que Guimarães (1989a) vai discutir e pôr em questão, mostrando que o conceito de história pressuposto na definição de Ducrot é o de história como temporalidade, perspectiva que impede a visão de um acontecimento como repetível. Diz Guimarães em outro texto (1995, p. 61) que, para Ducrot, "a enunciação do enunciado esgota a representação de seu sentido". Guimarães propõe um deslocamento para um conceito de enunciação que leve em conta as determinações históricas a que ela está submetida e vai buscar na análise do discurso elementos para isso.

Ele parte da caracterização do enunciado "como elemento de uma prática social e inclui, na sua definição, uma relação com o sujeito, mais especificamente com posições do sujeito, e seu sentido se configura como um conjunto de formações imaginárias do sujeito e seu interlocutor e do assunto de que se fala" (Guimarães, 1989a, p. 73), postulando, em seguida, que faz parte das condições de existência de um enunciado que existam outros com os quais ele estabelece relações, de forma que não se pode pensar a linguagem ou o sentido fora de uma relação, sozinho. Para existir linguagem é necessário que se estabeleçam relações entre enunciados e com o sujeito, de onde se conclui que a linguagem é inescapavelmente habitada pelo histórico.

Desse modo, chega-se a uma definição de enunciação "como o acontecimento sócio-histórico da produção do enunciado" (idem, op. cit., p. 78), o que a coloca no domínio do repetível, já que ocorre no interior de uma formação discursiva. O repetível pode abrir espaço para o novo, podendo esse novo acarretar transformações nas formações discursivas. Dessa perspectiva de enunciação, a significação é histórica, no sentido de que é "determinada pelas condições sociais de sua existência" (Guimarães, 1995, p. 66). Tal concepção de significação está em sintonia com a noção de que o sentido deve ser tratado como discursivo e deve ser definido a partir do acontecimento enunciativo. Para poder tratar o sentido dessa forma, o autor traz da análise do discurso o conceito de interdiscurso, já definido por nós no capítulo 1, afirmando que "o sentido em um acontecimento são efeitos da presença do interdiscurso. Ou melhor, são efeitos do cruzamento de discursos diferentes no acontecimento" (idem, op. cit., p. 67). Assim, uma semântica histórica da enunciação entende que o sentido se forma no acontecimento enunciativo como efeitos da presença do interdiscurso, de outros discursos. É importante frisar que, para Guimarães, o sentido não é uma intenção do sujeito que se apropria da língua, mas sim uma relação com o acontecimento afetado pelo interdiscurso.[3] Tampouco essa perspectiva pode acatar a noção benvenistiana de um sujeito pleno que faz funcionar a língua pelo simples ato de se apropriar dela; é pelo fato de o indivíduo ocupar uma *posição* de sujeito no acontecimento enunciativo, e assim fazer com que a língua seja afetada pelo interdiscurso, que a língua funciona.[4]

A concepção de semântica histórica da enunciação recoloca a enunciação na relação com o interdiscurso, no nível do "ça parle" (já que o que se postula é um eu do discurso habitado pelo Outro do interdiscurso), afastando-a de concepções que vêem na enunciação a estratégia consciente de um enunciador. Também a teorização sobre a heterogeneidade enunciativa tem esse papel, dando a base para a postulação do sujeito da enunciação como sujeito irredutivelmente dividido e heterogêneo.

O próximo capítulo, que trata da constituição do *corpus* e de suas condições de produção, tornará explícita a ênfase que procuramos dar ao acontecimento enunciativo como o lugar de constituição dos sentidos como efeitos a partir dos quais se faz sentir a presença do interdiscurso. Foi precisamente a perspectiva enunciativa que nos mostrou a necessidade, em determinado estágio da análise, de ampliarmos o *corpus* para compreendermos o modo particular de constituição dos sentidos no discurso sob investigação.

# Notas

[1] Estamos conscientemente resumindo a diversificação de seres do discurso em Ducrot, que inclui ainda uma divisão entre locutor-L e locutor-λ, distinção essa secundária para os nossos propósitos de apresentação sucinta da teoria neste capítulo. Esse item será explicitado no capítulo 7, na discussão das posições do sujeito da enunciação no discurso analisado.

[2] Esse é um dos pontos que, parece-nos, abre espaço para a reflexão sobre o estatuto do silêncio em sua relação com o discurso, estudo realizado por Orlandi (1992) e citado no capítulo anterior.

[3] Comunicação pessoal, agosto de 1992.

[4] O que escrevi parafraseia o que diz o autor às páginas 66 a 69 do livro citado.

# Parte II

## Perscrutando o discurso colonial

Capítulo 3

## Constituição de um *corpus* discursivo e suas condições de produção

> L'archive n'est jamais donnée; à première lecture, son régime de fonctionnement est opaque.
>
> J. Guilhaumou e D. Maldidier, "Effets de l'archive"

A descrição da constituição do *corpus* discursivo utilizado neste trabalho explicita o tipo de *corpus*, os recortes que foram feitos para análise em função dos objetivos do estudo e as condições de produção do discurso em questão.

*Tipos de* corpus *e constituição de um* corpus *de arquivo*

Em Courtine (1981, p. 24) encontra-se uma definição de *corpus* discursivo: "um conjunto de seqüências discursivas estruturado segundo um plano definido com referência a um certo estado de condições de produção do discurso". Depreende-se da definição que um *corpus* discursivo não é, pois, um conjunto aleatório de textos que existem de forma estruturada previamente à ação do analista de discurso sobre ele; ao contrário, é o trabalho do analista, com base nas suas hipóteses de pesquisa, que constitui o *corpus*. Pêcheux (1990, p. 290) ressalta o caráter imperativo de construção do *corpus* em combinação com a análise lingüística das seqüências discursivas como a forma de abarcar, de um lado, o papel do interdiscurso no intradiscurso e, de outro, a importância da análise léxico-sintática e enunciativa na apreensão do interdiscurso "como corpo de traços formando memória".

Em análise do discurso, há dois tipos de *corpus*: o *corpus* experimental, formado por materiais obtidos a partir de questionários ou outro tipo de resposta solicitada, e o *corpus* de arquivo, constituído a partir de um campo de documentos relacionados a um assunto. Porém o arquivo não é dado; ele deve ser desvendado por leituras que descubram seus dispositivos e configurações (cf. Guilhaumou e Maldidier, 1986, p. 43), leituras que estabeleçam a relação entre a "língua como sistema sintático intrinsecamente capaz de jogo, e a discursividade como inscrição de efeitos lingüísticos materiais na história" (Pêcheux, 1982, p. 44).

O *corpus* desta pesquisa é composto por materiais de arquivo e, segundo a denominação de Courtine (1981), é do tipo complexo, constituído por várias seqüências discursivas (isto é, textos), produzidas por vários locutores e em diacronia. O fato de termos um *corpus* composto por seqüências em diacronia não significa que esse seja um traço essencial para a constituição de um *corpus*. O que importa é verificar como um conjunto de seqüências discursivas, estejam elas dispostas em relação de sincronia ou diacronia, se integram no plano do interdiscurso e que relações elas estabelecem entre si nesse mesmo plano. A questão que nos interessa e motivou os dois recortes que fizemos é o fato de termos constatado que determinadas formulações do segundo recorte, em ordem cronológica, funcionam como "o lugar de inscrição de um pré-construído discursivo" (Maldidier e Guilhaumou, 1994, p. 111), mostrando como esse discurso se relaciona com sua memória. Tentaremos demonstrar na análise que enunciados do primeiro recorte permanecem significando e isso traz conseqüências importantes para a compreensão do funcionamento do acontecimento enunciativo.

A noção de recorte discursivo foi definida por Orlandi (1984, p. 14) como "um fragmento da situação discursiva". Em análise do discurso, a operação de recortar um *corpus* discursivo opõe-se à operação de segmentar, própria da lingüística e sua visão segmental da língua (por exemplo, pode-se segmentar a frase em sujeito e predicado, sintagmas nominal e verbal). O recorte, por sua vez, é do domínio do discurso, é uma unidade discursiva. Frente a um *corpus*, o analista vai recortar fragmentos da situação discursiva (em forma de seqüências discursivas) que dêem conta de revelar uma determinada configuração do discurso analisado. Os recortes não se apresentam na forma do linear e cronológico porque o discurso não se constrói dessa maneira. Se, pela sua relação constitutiva com outros discursos, os sentidos de um discurso não estão em um espaço fechado, os recortes tampouco podem obedecer aos critérios de fechamento, linearidade e cronologia.

Uma vez que nosso objetivo era compreender os processos de representação do eu (britânicos) e do outro (indianos) no discurso político britânico em um período de *transição* em que se discutia e se preparava a independência da colônia, período que contou com numerosas discussões e tomadas de decisões explicitadas em pronunciamentos oficiais, foi feito um recorte discursivo que estabeleceu como textos pertinentes para análise os documentos oficiais que têm como tema a transferência de poder e foram produzidos pela administração e políticos ingleses nos últimos cinco anos de existência da Índia como colônia britânica, a saber, de 1942 a 1947.

Esses materiais, relacionados no Apêndice B, são documentos oficiais de dois tipos:

1) debates parlamentares ocorridos na Câmara dos Comuns do Parlamento britânico nas ocasiões em que o tema de discussão era a situação da Índia e a preparação da transferência de poder;

2) discursos e outros pronunciamentos oficiais sobre o mesmo tema, produzidos por membros do Poder Executivo do governo britânico, tais como primeiro-ministro, secretário de Estado para a Índia e outros ministros, assim como membros da administração britânica na Índia, sobretudo o ocupante do cargo de vice-rei. Os destinatários dos pronunciamentos são parlamentares, no caso dos debates no Parlamento, e, nos demais casos, alternam-se entre o povo inglês e o povo indiano separadamente ou os ingleses e indianos juntos.

Mas, como em análise do discurso a constituição do *corpus* prevê que seqüências discursivas sejam postas em relação com sua memória, em uma abertura sobre seu espaço interdiscursivo (cf. Maldidier, 1990, p. 86), não havendo, pois, um momento inaugural, seguimos os caminhos que a análise enunciativa nos indicava e fizemos um segundo recorte, composto por textos produzidos no século XIX por missionários, educadores e políticos em torno do tema dos deveres e obrigações dos colonizadores para com a educação escolar e a conversão dos colonizados indianos ao cristianismo. Talvez em função do tema em torno do qual esses textos se agrupam, constatamos que esse recorte também se constitui como um lugar determinante de observação das formas de representação do eu, do outro e da relação colonial.

Esses textos, produzidos entre 1830 e 1860, dividem-se em dois grupos: o primeiro, composto por escritos de missionários e educadores; e o segundo, por debates na Câmara dos Lordes no Parlamento britânico em que se discutiam mudanças no modelo de educação aplicado na Índia para os indianos. O motivo dessas discussões parlamentares em um determinado momento cronológico (1858-1860) da existência do império britânico na Índia será explicitado na próxima seção deste capítulo.

O recorte sobre os textos do século XIX foi necessário para a compreensão da relação do discurso político britânico de *transi-*

ção com seu interdiscurso, mostrando que eles se imbricam em uma articulação tal que sentidos dos discursos político e missionário do século XIX são determinantes na construção da representação do eu e do outro no discurso pré-independência.

## Condições de produção do discurso político britânico sobre a Índia

As condições de produção do *corpus* são heterogêneas. Trata-se de textos produzidos em circunstâncias enunciativas diversas, o que inclui diferentes sujeitos falantes, diferentes destinatários e diversidade de situações de enunciação. Mas os materiais constituem um conjunto analisável do ponto de vista discursivo por serem indícios de uma configuração discursiva[1] que se define por fazer coexistirem sentidos opostos e contraditórios, provindos de diferentes regiões do interdiscurso, sob a aparência da inauguração de um novo sentido para o eu (colonizador), o outro (colonizado) e a relação entre os dois. Na dispersão do arquivo, as proximidades, os limites entre temas ou entre formações discursivas e as identidades devem ser buscados pelo analista.

Os textos produzidos no século XIX e que constituem um dos recortes situam-se no período de apogeu do império britânico, período esse no qual não parecia haver qualquer questionamento contrário aos projetos coloniais dos países europeus. A colonização e o império encontravam justificativas formuladas em vários discursos, desde o discurso da catequese até o discurso da ciência. Os sentidos engendrados pelo discurso colonialista e sua rede de filiações serão descritos no próximo capítulo.

Os escritos dos missionários britânicos na Índia não só relatavam os progressos conseguidos e as dificuldades na educação de cunho geral e religiosa e na conversão dos "nativos" como também descreviam seus costumes, seu caráter e suas condições de vida e, ainda, opinavam sobre as formas de continuidade do trabalho a ser empreendido para a catequese do povo local.

Quanto à educação escolar dos indianos, começou, com a intensificação da atuação do governo desde o início do século XIX, um "zelo reformista" emanando da Inglaterra para a Índia (cf. Brown, 1994, pp. 71-2), com a conseqüente produção de textos acerca dos parâmetros e caminhos que deveriam ser tomados com o propósito de "europeizar" o povo colonizado por meio do ensino das ciência e literatura européias, além dos ensinamentos do cristianismo. O que se pretendia era formar uma elite local europeizada por meio da educação, para que essa elite gradativamente propagasse esses conhecimentos, suas mudanças de comportamento e de valores entre o povo.

Na esfera política, a intrusão do governo inglês mudou radicalmente em 1858 quando a Índia passou a ser governada pela Coroa britânica. Até então, predominavam relações mercantis e sobrevivência e lucro eram as preocupações principais. Mesmo a conquista de poder político estava subordinada aos interesses mercantis. Além disso, tanto a exploração comercial quanto a administração governamental, na medida do necessário e possível, ficavam a cargo da Companhia das Índias Orientais. O Parlamento britânico controlava as atividades da Companhia, controle que gradativamente foi se intensificando à medida que a Companhia expandia sua atuação política sobre a colônia, mas era esta última que governava. Essa configuração só foi alterada em 1858, quando, após o motim que descreveremos a seguir, a Índia passou a ser governada diretamente pela Coroa britânica. Estabeleceu-se então o posto de vice-rei para o representante máximo do governo britânico na colônia, enquanto em Londres havia a figura do secretário de Estado para a Índia como intermediário entre o governo na colônia e o Parlamento.

Em maio de 1857, teve início um motim dos soldados indianos da Companhia das Índias Orientais da região de Bengala. A revolta estendeu-se por outros segmentos da sociedade local e por várias regiões da Índia e resultou no massacre de militares e civis ingleses, tendo causado forte impacto na opinião pública britânica. De modo bastante simplista, segundo historiadores contemporâneos, o levante foi interpretado, na época, como uma rebelião militar contra a interferência dos ingleses nas religiões e costumes religiosos nativos. Em razão dessa interpretação, o Parlamento britânico passou a deliberar sobre a forma de educação que deveria ser dada aos indianos, com o intuito de evitar qualquer outro motivo para conflitos.

Essas são as condições de produção dos debates ocorridos na Câmara dos Lordes do Parlamento britânico, entre 1858 e 1860, e que constituem nosso recorte. Tratava-se de debates sobre a melhor maneira de se conduzir a educação oferecida aos indianos. Era consenso que a educação dos indianos deveria seguir os modelos europeus, considerados superiores aos indianos; a problemática nova, surgida a partir de 1858 e discutida no Parlamento, centrava-se na necessidade de se decidir se a educação deveria conter o componente de ensinamento da religião cristã, tarefa até então exercida pelos missionários educadores, ou se ela deveria ser totalmente laica, deixando aos indianos liberdade para continuarem adotando suas crenças religiosas.

Segundo a historiadora J. Brown (1994), a mitologia que se criou após o motim — particularmente, o suposto heroísmo dos britânicos em contraste com a barbárie e violência dos indianos — serviu para confirmar a noção de superioridade racial dos britânicos que começara a se formar décadas antes, auxiliada por teorias pseudo-científicas que enfatizavam o aspecto de diferenças potenciais e reais entre as raças (cf. capítulos 4 e 5), e solidificar a formação de estereótipos em relação aos indianos.

Assim, o recorte feito justifica-se porque encontramos nos ensaios de missionários e educadores e nos debates políticos em torno da educação e catequese dos colonizados indianos um lugar forte de constituição, no discurso, da identidade do eu e do outro e da caracterização da relação colonial. A pertinência desse recorte está em pôr em evidência sentidos de um discurso, que podemos denominar de modo geral colonialista, que constitui a mais significativa região do interdiscurso com o qual o discurso político britânico da época pré-independência se relaciona. Veremos que enunciados dos discursos político e missionário do século XIX funcionam como pré-construído no discurso pré-independência, produzindo determinados efeitos de sentido pela forma como são evocados no acontecimento enunciativo.

Em função dos objetivos desta pesquisa, o segundo recorte constitui nosso objeto de estudo central. Ele cobre o período de preparação para a "transferência de poder", entre 1942 e 1947. O ano de 1942 foi o início do período de preparação mais consistente para a concessão da independência à Índia, em razão de dois fatos ocorridos no período. O primeiro foi uma oferta do governo britânico que continha a promessa de independência à colônia após o término da Segunda Guerra Mundial – rejeitada pelos líderes políticos indianos em abril de 1942; essa oferta foi seguida por um movimento agressivo de reivindicação da independência, denominado "Quit India movement", lançado por Gandhi em agosto e incorporado pelos políticos nacionalistas do Partido do Congresso indiano. As palavras da historiadora J. Brown, que transcrevemos abaixo, mostram a importância desses fatos, sobretudo do primeiro, para reforçar a decisão da Inglaterra de concessão de independência à Índia e, conseqüentemente, para a intensificação do discurso sobre a preparação da independência, que é o objeto de nossa análise.

O colapso na cooperação entre o Partido do Congresso (indiano) e o governo (inglês) ocorreu no início de 1942. O

ataque a Pearl Harbour e a entrada dos norte-americanos na guerra, seguidos pela queda de Cingapura e Rangoon, convenceram o governo em Londres de que uma nova tentativa deveria ser feita com o propósito de conseguir a colaboração do Partido do Congresso no governo e na continuação dos esforços da guerra que estava então atingindo as fronteiras da Índia com o avanço dos japoneses rumo ao norte; ou, pelo menos, que uma tentativa com essa finalidade fosse mostrada publicamente, para acalmar as opiniões dos americanos, do Partido Trabalhista e dos Moderados na Índia. O resultado foi a missão de Sir Stafford Cripps, Lorde "Privy Seal" e líder da Câmara dos Comuns, para oferecer à Índia o estatuto de Domínio ao fim da guerra ou a possibilidade de separação do "Commonwealth" e total independência, com a condição de que nenhuma parte da Índia fosse forçada a aderir ao novo estado [...]. O dispositivo não conseguiu angariar a colaboração do Partido do Congresso e sua rejeição pela liderança levou ao confronto aberto com o governo através do movimento "Quit India". [...]
O malogro em conseguir uma fórmula para a cooperação do principal grupo político hindu nos esforços da guerra não impediu nem a administração da Índia pelo governo inglês durante o resto do período de guerra, com oficiais no lugar de políticos para a elaboração da constituição, nem a repressão do movimento "Quit India". Contudo, a Oferta Cripps foi o momento a partir do qual a partida dos britânicos após a guerra tornou-se inevitável. Como o próprio Churchill reconheceu, a Inglaterra não poderia recuar da oferta de independência (Brown, 1994, pp. 327-8).

Ademais, após a guerra, a situação na Índia foi ficando mais e mais clara para o governo trabalhista, que tomou o poder na Inglaterra e simpatizava com as aspirações indianas: somente uma injeção maciça de homens e dinheiro por vários anos poderia, talvez, restabelecer o domínio britânico na colônia. Tais medidas, entretanto, seriam não só impossíveis para uma Inglaterra depauperada pela guerra e crivada de problemas domésticos, como também acarretariam a hostilidade da opinião pública tanto na Inglaterra quanto internacionalmente. A solução era, pois, preparar a transferência de poder.

Como indicamos acima, a análise partiu das seqüências discursivas produzidas no período pré-independência, pautando-se pelo levantamento das operações lingüísticas que, no acontecimento enunciativo, põem em evidência formas de representação do colonizado, do colonizador e, por extensão, da relação colonial. Durante a análise, a descoberta da relação contraditória do discurso político britânico pré-independência com uma região do seu interdiscurso, que é o discurso colonialista britânico sobre a Índia no século XIX, levou-nos a fazer o segundo recorte e a procurar, nesse recorte, também um modo de representação do eu e do outro.

Assumindo a postura metodológica da análise do discurso de reconhecimento de duas materialidades, a da língua e a da história, entendemos, repetindo as palavras de Orlandi (1996, p. 45), que "[o] lugar de observação é a *ordem do discurso*". Aí estão compreendidas a ordem da língua, não enquanto sistema abstrato, mas sim enquanto espaço significante do equívoco e das falhas, enfim, do sentido que sempre pode ser outro, e a ordem da história, dimensão da apreensão do mundo pelo homem atravessada pelo simbólico, também lugar de equívoco e de interpretação, mas que escapa ao sujeito imerso na ilusão da transparência da língua, da sua não-inscrição na história e, portanto, do sentido como evidente. Sob essa perspectiva, no espreitamento dos pontos de fissura, de equívoco, de deslizes e de ruptura da ilusória completude dos sentidos, procuramos compreender os efeitos de sentido produzidos por determinadas formas de representação do eu, do outro e da relação entre eles e detectar o modo de presença do interdiscurso em um discurso determinado.

No próximo capítulo, apresentaremos sentidos do discurso colonial sob outras óticas — nos campos da história, da crítica literária e dos estudos da cultura —, com o propósito de relacionar essas reflexões com o campo da análise do discurso para, ao mesmo tempo, ressaltar a especificidade de uma análise discursiva. Alguns desses teóricos insistem em se referir à *textualidade* do império, mas pensam a textualidade sob a concepção do conteúdo. Não obstante, essa apresentação servirá também para delinear o universo de sentidos por onde passa o discurso colonial e suas imbricações com outros discursos e, assim, respaldar alguns dos comentários em nossa análise.

# NOTA

[1] O conceito de *configuração discursiva* refere-se, segundo Zoppi-Fontana (1997, p. 50), a "uma disposição particular das relações estabelecidas entre formações discursivas específicas no interdiscurso". Acrescenta a autora que "a partir dessas relações se organizam as posições de sujeito e os funcionamentos discursivos que caracterizam um estado determinado dos processos discursivos".

Capítulo 4

CAMINHOS DOS SENTIDOS DO DISCURSO COLONIAL

> Systems are never so totalizing that they can produce a perfect structure of inclusions and exclusions.
>
> D. BAHRI, "Marginally off-center: postcolonialism in the teaching machine"

Muitas análises têm sido feitas sobre o que se convencionou chamar discurso colonial e pós-colonial, sobretudo nas áreas da crítica literária, história e estudos da cultura no mundo anglo-saxão. Faremos uma breve descrição de sentidos típicos do discurso colonial, conforme compreendidos por alguns desses estudos, por entendermos que existem paralelos com nossa análise, embora situemo-nos em campos teórico-metodológicos diferentes e trabalhemos sobre textos igualmente distintos.

*Construções e estratégias do discurso colonial*

Um ponto comum entre analistas do discurso colonial nas áreas de estudo citadas é a associação desse discurso com outros, presentes no contexto político e científico europeu dos séculos XVIII e XIX.

Edward Said (1978) inaugura esse campo ao focalizar a construção discursiva que o ocidente faz do oriente. Said postula, pela primeira vez, que o Oriente é uma representação (construção) do Ocidente, que resulta das narrativas dos orientalistas. O conhecimento é uma categoria essencial na análise de Said: o conhecimento que o Ocidente tem, ou, para fazer jus à análise do autor, *constrói*, do Oriente é compreendido como a totalidade do oriente. Além disso, o conhecimento traz poder e possibilidade de controle, daí a necessidade de se apreender o Oriente "inteiramente". As narrativas dos orientalistas serviram para criar ou, ao menos, reforçar, no imaginário das nações colonizadoras, alguns sentidos sobre os povos colonizados: seu exotismo, seu atraso na escala civilizatória etc.[1] Said advoga, ainda, que o orientalismo foi responsável por criar uma terminologia e uma prática que influenciaram todas as concepções posteriores sobre o Oriente, tendo mesmo funcionado, até certo ponto, como justificativa para os projetos coloniais europeus.

A análise de Said peca por apresentar o orientalismo como uma categoria abrangente demais, à qual aparentemente todos os outros discursos (político, filosófico, outros gêneros do discurso científico etc.) estariam subsumidos. Como veremos adiante, o quadro é mais complexo, pois esses outros discursos também construíram concepções sobre povos e culturas fora da Europa que exerceram influência no projeto e discurso coloniais.[2] Ainda assim, o trabalho de Said é extremamente importante pelo fato de ressaltar o papel crucial do discurso. Thomas (1994) expressa bem essa idéia ao observar que Said percebeu que o outro (o oriental) é representado como objeto de discurso e que esse discurso *constrói* um mundo, em oposição à concepção de que o discurso *expressa* o mundo.

Um dos sentidos mais comumente imputados aos colonizadores pelos teóricos da crítica literária e dos estudos da cultura é o da contradição entre o reconhecimento da diferença (entre colonizador e colonizado) e a sua negação. Um desses autores é Bhabha (1994a), cujo argumento é que o discurso colonial inglês é ambivalente ao utilizar como estratégia a imitação: o outro é representado como semelhante ao colonizador, mas não exatamente igual. Segundo o autor, o discurso colonial britânico pretende construir um sujeito colonial que seja anglicizado, mas que não seja idêntico ao cidadão inglês. Mas o que caracteriza esse discurso é a indeterminação entre a representação da diferença e a sua desqualificação. Esse movimento de ambivalência tem um efeito profundo sobre a autoridade do discurso colonial; pois, ao tentar "normalizar" o outro para torná-lo conhecido e, assim, poder discipliná-lo, produzindo uma "presença parcial", esse discurso constrói sua própria contradição, que tem como conseqüência a constituição do outro como ameaça à autoridade colonial naquilo que permanece inapropriado. A imitação é, pois, a um só tempo, semelhança e ameaça.

Dessa relação ambígua de contradição emergem duas atitudes frente à realidade: uma que leva a realidade em consideração e outra que a desqualifica, substituindo-a pela rearticulação da "realidade" como imitação. E são justamente tais articulações de realidade e desejo que, ao repetirem os estereótipos racistas, provocam a repetição da culpa, da superstição, das teorias pseudo-científicas, num "esforço desesperado de 'normalizar' *formalmente* o distúrbio de um discurso de ruptura que viola as prerrogativas racionais da sua modalidade enunciativa" (idem, op. cit., p. 91). Para Bhabha, a presença do outro provoca o surgimento da estratégia da imitação, pelo temor do que não pode ser apropriado nesse outro. A esse movimento de articulação entre a autoridade colonial e as formas de conhecimento "nativo", por meio do qual um influencia o outro, modificando ambos, o autor dá o nome de hibridismo, em Bhabha (1994b). Bhabha defende essa categoria como sendo a responsável, em última instância, pelo abalo do poder colonial. Essa posição representa a recusa em ver a relação de colonização como uma relação rígida e imutável entre um pólo dominante e outro dominado; um lado que impõe sobre o outro a sua cultura e não se modifica, enquanto o outro apenas recebe passivamente a imposição que o transforma. O conceito de hibridismo pressupõe uma noção de sujeito constituído pela alteridade. O hibridismo é, "a um só tempo, um modo de apropriação e de resistência" (idem, op. cit., p. 120). Surge uma espécie de carnavalização da parte do colonizado, que se apropria da cultura do colonizador, transformando-a pela imitação. Mas também o colonizador não sai intocado do encontro colonial, pois também ele é perpassado pela alteridade do outro.

O argumento de Suleri (1992), de que a retórica da Índia colonial inglesa se caracteriza por uma linguagem de dubiedade entre o poder do colonizador, representado no seu discurso, e o terror ante o desconhecimento e a impossibilidade de desvendar o outro (o estrangeiro, o colonizado), também enfatiza a questão do temor do outro e, de certa forma, retoma a noção da contradição entre a representação da diferença e a sua negação. De acordo com a autora, na retórica da Índia inglesa a palavra-chave da transação imposta pela linguagem do colonialismo é *transferência* e não *poder*. Para Suleri, isso significa que é necessário encontrar uma linguagem para a alteridade que se distancie das interpretações monolíticas da dominação colonial *versus* a subordinação como termos mutuamente excludentes. O que ela sugere, analisando obras literárias e históricas que versam sobre o colonialismo inglês na Índia, é que essas narrativas mesclam poder e temor (do outro, do desconhecido), autoridade colonial e ansiedade frente ao outro que se quer interpretar. A obsessão do poder imperial inglês com o trabalho de classificação, catalogação e construção de inventários raciais na Índia revela a tentativa de conhecer o outro, tornando-o transparente, para que não represente ameaça.

Nos termos da análise do silêncio sob uma perspectiva discursiva (cf. Orlandi, 1992), diríamos que essa tarefa exaustiva de catalogação do outro mostra o movimento de romper o silêncio para saturar e fixar sentidos. Aquilo que permanece em silêncio pode ter muitos sentidos, ao passo que o dizer provoca a ilusão de que os sentidos são limitados.

Segundo Suleri, as narrativas inglesas do século XVIII mostram a dificuldade da empreitada colonial, e acabam por revelar "o doloroso confronto do colonizador com um objeto para o qual suas ferramentas culturais e interpretativas devem ser inadequadas" (1992, p. 31). Mas essa ótica alterou-se fortemente no século seguinte entre os historiadores e educadores, e também nas narrativas literárias, que passaram a interpretar a Índia como uma figura estática e presa ao passado, portanto sem evolução histórica, e ilegível, portanto irracional (aos olhos ocidentais) nas suas produções culturais.[3] O que é diferente é negado, pois só tornando o outro conhecido e interpretável é possível dominá-lo.

Spurr (1993) também procura compreender a estratégia do colonizador, afirmando que este impõe sua autoridade através da demarcação dos pontos de identidade e diferença com o colonizado. Por um lado, é imprescindível que os membros da nação colonizadora marquem sua radical diferença, na qual está implícita a sua superioridade, em relação aos sujeitos da colônia, como forma de legitimar a dominação. Por outro lado, paradoxalmente, eles precisam insistir na identidade essencial que existiria entre os dois povos como precondição moral e filosófica para a "ação civilizadora" sobre a colônia, cuja possibilidade de sucesso estaria nesse ponto comum, a partir do qual o colonizado pudesse ser "elevado" a um patamar mais alto (e, portanto, mais próximo daquele do colonizador) na escala civilizatória.[4] A empreitada colonial justifica-se ao contar com a anuência e a vontade dos próprios colonizados. É necessário, portanto, construir uma imagem dos povos colonizados como concordantes com a missão colonizadora e, mesmo, desejosos dela.

*Filiações do discurso colonial a outros discursos e seus efeitos*

Said (op. cit.) atribui ao discurso dos orientalistas essa idéia de que o Oriente passou a ser visto, no século XIX, como se convidasse as civilizações "avançadas" a ocupá-lo. Como dissemos no início deste capítulo, para Said, construiu-se, dessa forma, uma racionalização, quase uma teoria, que justificava a colonização. Percebe-se também como essa noção é habitada por sentidos provenientes do discurso evolucionista, que via nas nações européias o grau máximo de civilização e progresso e, nos povos colonizados, um atraso em termos civilizatórios que clamava pelas ações de elevação na escala evolucionista.[5] Winks (1963) lembra que essa formação conceitual fazia parte de um discurso que circulou no final do século XIX na Inglaterra, proposto pelos chamados darwinistas sociais. Esses sugeriam que a superioridade britânica podia ser provada pelas teorias de Charles Darwin, se aplicadas à esfera social, o que mostraria que as sociedades se encontravam em estágios diferentes no espectro evolucionário.

Said também nos informa que, ao mesmo tempo em que se delineava na Europa do século XIX a concepção do ocidente como detentor do progresso, da ordem e da ciência[6] a serem levados ao oriente, circulava — e influenciava o discurso orientalista — a idéia oposta, proveniente do romantismo, segundo a qual a Europa seria regenerada pelo Oriente. Entendiam os românticos que o excessivo materialismo e mecanicismo da cultura européia seriam derrotados, com a conseqüente revitalização da Europa, pela espiritualidade das culturas orientais. Mas, evidentemente, essa noção não podia encontrar acolhida entre os poderes coloniais que procuravam justificativas para seu objetivo de expansão territorial e econômica.

Voltando a Spurr, de modo semelhante às conclusões de Bhabha e Suleri, esse autor relaciona a oscilação entre identidade e diferença no discurso colonial a um motivo primário: a necessidade de afirmar o outro como oposto de si (o selvagem, destituído de valores da civilização) revela a incerteza sobre a própria autoridade. É essa incerteza que leva o discurso colonial ao contínuo movimento pendular entre o reconhecimento e a negação da diferença, através do qual simultaneamente a autoridade colonial é afirmada e negada. Nisso o autor vê uma fragmentação do discurso colonial, com a conseqüente expressão de um grande número de formas retóricas divergentes.

A análise do historiador Inden (1986, 1990) sobre os colonizadores das nações do ocidente que tinham a pretensão de conhecer as essências do outro e que viam nos colonizados uma essência antiga e fixa, a ela opondo a modernidade e superioridade do colonizador, busca a razão para a tentativa de apreensão da Índia como uma sociedade estática. Inden (1986) afirma que o discurso orientalista dos estudiosos da cultura indiana (os indologistas) constrói-se sobre a pressuposição de que o mundo real consiste de essências, o que implica a existência de uma unidade para a natureza humana, cuja manifestação máxima está na cultura euro-americana: racionalidade, cientificidade etc. Para justificar a diferença do "outro" oriental (pois como é possível que diferenças existam se há uma essência única?), a solução encontrada pelos indologistas é hierarquizar os "outros", colocando-os em uma escala espacial, biológica e temporal, de forma que suas diferenças sejam causadas pela raça, pelo local, pelo meio e por sua posição (inferior) na escala evolucionária, mas coexistam com a possibilidade de aperfeiçoamento.

Esse sentido de sociedade estática surge também nas imagens fixas das pessoas e lugares na Índia produzidas nos desenhos e pinturas das mulheres britânicas transportadas para a Índia colonial com seus maridos. Segundo Suleri, àquelas mulheres era reservado o papel de etnógrafas amadoras, colecionando imagens das pessoas e do lugar, conquanto permanecessem nas periferias da colonização. Tal atividade era uma das representações do que Francis Hutchins[7] denomina "ilusão da permanência" do imperialismo britânico, ou seja, o desejo de transfixar um confronto cultural dinâmico em natureza-morta. São formas de negar historicidade ao colonizado e de fixá-lo de modo a tornar mais fácil o seu conhecimento.

Uma terceira e importante via pela qual os sentidos de fixidez e, conseqüentemente, de ausência de historicidade se expressam encontra-se na descrição minuciosa e obsessiva que o discurso colonial faz do corpo do colonizado, seja ele primitivo ou não. Afirma Spurr (1993, p. 22) que os corpos dos colonizados são vistos como um espaço natural, destituídos de condição política e de inserção num tempo histórico, ao ser apreendidos como objetos sincrônicos.[8]

Para Spurr, a apreensão visual do corpo do outro se insere numa dimensão maior da forma de autoridade do Ocidente (através do colonizador europeu) sobre o Oriente (o colonizado), que tem como uma de suas características o papel fundamental da visão, usada para estabelecer conhecimento e autoridade sobre o outro. Pelo olhar, o mundo não-ocidental é apropriado pelo Ocidente como "um objeto de estudo, uma área para desenvolvimento, um campo de ação", ou seja, um objeto de possessão (Spurr, op. cit., p. 25).[9]

Outro sentido recorrente do discurso colonial que justifica as ações sobre as colônias é o direito à apropriação. Na análise de Spurr (op. cit., pp. 28-9), o poder colonial vê as reservas naturais das terras colonizadas como pertencentes à "civilização" e à "humanidade" (conceito que designa primeiramente o mundo "civilizado", isto é, europeu). Durante a relação colonial, dois outros eventos discursivos ocorrem: estende-se aos nativos das colônias o título de "humanidade", ao mesmo tempo em que se toma como pressuposto que os direitos da humanidade somente podem ser exercidos pelo poder colonial. Dessa forma, além de constituir um imperativo econômico e político, a apropriação e exploração dos territórios colonizados são revestidas de caráter moral também.

Essa atitude está ligada aos sentidos do discurso do evolucionismo social do século XIX. Spurr mostra como o sistema de classificação da história natural passa a influenciar a classificação das raças no discurso evolucionista do século XIX.[10] No início da era clássica, o método da história natural era o de elaboração de listas e tabelas dos aspectos visíveis da natureza; ao final daquela era, o sistema de classificação passara a englobar também os aspectos invisíveis das coisas, dedutíveis a partir do observável, numa análise que procurava estabelecer o caráter dos seres naturais, baseado no princípio interno da estrutura orgânica. Tal sistema estabelecia uma hierarquia dos seres de acordo com a complexidade de sua estrutura orgânica. Com Darwin e outros, a classificação das raças começa a ser pensada dentro de uma escala hierárquica de evolução que tem como parâmetro a civilização européia e visa compreender o caráter dos diferentes povos e raças, tanto o caráter moral e intelectual dos indivíduos quanto o caráter social e político da sociedade. Há duas correntes: a essencialista, que advoga diferenças inerentes e, portanto, intransponíveis entre as raças;[11] e a histórica, que vê as diferenças dentro de uma dimensão temporal, considerando, assim, que as diferentes raças são historicamente capazes de evolução. Mas o ponto de partida tanto de uma visão quanto de outra é o mesmo, ou seja, que se podem atribuir às raças diferentes graus de evolução tendo como parâmetro os valores da civilização européia. Como conseqüência, a intervenção de uma sociedade culturalmente mais "avançada" sobre outra, menos avançada, era vista como parte do processo evolutivo natural, com a vitória dos mais capazes.

Spurr advoga a tese de que ambas as posições foram apropriadas pela ideologia do colonialismo europeu, que se sentia autorizado a insistir, por um lado, "na superioridade essencial do colonizador europeu" e, por outro, "nos ideais de uma missão civilizadora voltada para o aprimoramento da condição moral do colonizado" (op. cit., p. 66).

A análise de Kaviraj (1994), sobre a construção do poder colonial na Índia e de como os próprios elementos do discurso imperialista britânico, formado na esteira do pensamento racionalista europeu, influenciaram, pela educação, o pensamento dos nacionalistas indianos a ponto de lhes fornecer as armas para suas reivindicações, parte do pressuposto de que houve uma filiação da filosofia iluminista à idéia de "patamares" na escala civilizatória. Essa filiação, associada à crença na validade absoluta do conhecimento científico, teve como conseqüência a postulação de que o acesso, em igual medida, a esse conhecimento por todos os homens era impossível.[12]

## Negação do "outro", afirmação do "eu"

Segundo Spurr (op. cit.), à retórica do evolucionismo associam-se dois outros sentidos do discurso colonial: o rebaixamento do colonizado, visto como sujo e abjeto e, por conseguinte, incivilizado e inferior, e a negação de uma história para a colônia, história anterior à colonização. Nessa visão, o passado da colônia é entendido como ausência, o que significa interpretar tanto a terra quanto o seu habitante como vivenciando um eterno presente. Como conseqüência da ausência de história e do eterno presente, não se percebem transformações, construções ou movimento em direção a um destino, o que daria a medida do estágio de civilização em que os habitantes do lugar se encontravam antes do início da colonização. Assim, o estágio anterior à colonização é percebido como ausência absoluta.

Kaviraj (1994) argumenta que a estratégia de redução do outro a uma essência imutável e não-histórica foi fundamental para o discurso imperialista como justificativa para a imposição de uma nova ordem política na colônia sob a roupagem de se levarem os benefícios da civilização moderna. Afirma o autor que houve a propagação de duas formas de essencialismo pelo discurso colonial britânico na Índia. A primeira era a dicotomia essencialista entre o "eu" (colonizador, sujeito civilizado) e o "outro". O "eu" era retratado como um ser histórico, determinado e capaz de reformas radicais, enquanto o "outro" era visto como vazio, abstrato e depositário de características negativas, não no sentido de ruins, mas sim de ausência (não-x).[13] Como conseqüência, a segunda forma de essencialismo apresentava o "eu" como possuidor de uma representação histórica muito mais densa que o "outro". Havia ou a negação pura e simples de uma história para o outro ou a construção de características estáveis e quase transcendentais que a história não podia alterar.[14]

Para Suleri (1992), a tentativa que dominou o discurso imperialista da Inglaterra no século XIX foi a de reconstruir a história indiana com base num modelo europeu, procurando interpretar eventos incompreensíveis sob a ótica da narrativa ocidental. Essa tentativa reflete-se no funcionamento do discurso político britânico sobre a Índia, conforme demonstraremos em nossa análise nos capítulos seguintes, ao construir, como efeito de sentido, a diluição da dimensão histórica do colonizado indiano.

À negação como figura que caracteriza a colônia e o colonizado corresponde a afirmação como figura atribuída ao colonizador. Spurr postula que, face ao estado de vazio da colônia, o colonialismo precisa reafirmar seu valor e afirmar sua capacidade de melhorar a condição abjeta de vida do colonizado. A respeito dos motivos que impulsionavam a afirmação dos valores do colonizador frente ao colonizado, Spurr chega a uma conclusão semelhante a de Kaviraj: a repetida afirmação dos valores de civilização, humanidade, ciência e progresso servem para que o poder e comando sobre a colônia aumentem e se legitimem (op. cit., p. 110). A sustentação para esses valores encontra-se, sobretudo, na categoria de superioridade moral, a qual, por sua vez, é responsável por conferir ao projeto colonial o sentido de missão. O colonizador, possuindo ascendência moral sobre o colonizado, teria como missão melhorá-lo. É esse o sentido expresso pela metáfora "the white man's burden" (o ônus do homem branco), que se torna um tema recorrente no discurso colonialista britânico. Por fim, adverte o autor que a afirmação de autoridade por parte do colonizador revela que, contraditoriamente, essa autoridade não é plena. Quando ela se apresenta plena e clara, não há necessidade de justificá-la ou reafirmá-la. A repetida afirmação da autoridade pode ser vista como um recurso estratégico necessário para a manutenção dessa mesma autoridade, e não como simples manifestação de sua presença inquestionável. "[A] retórica da afirmação", diz o autor, "possui esse traço curioso, que a intensidade de sua repetição — 'para sempre', 'para o mundo todo' — cresce à medida que a autoridade diminui. Ela começa a protestar demais" (idem, op. cit., p. 124).

Kaviraj (1994) relaciona essas duas visões da colônia (isto é, negação e afirmação) à hegemonia de um programa racionalista, fruto do discurso racionalista europeu do século XVIII. Para o autor, o programa racionalista — que implica transformar o mundo de modo a torná-lo claro, instrumental, preciso, técnico, verdadeiro e, sobretudo, benéfico aos dois lados, tanto para o colonizador quanto para o colonizado — é central para a auto-imagem dos primeiros colonizadores. Acrescentaríamos, ligando Kaviraj a Spurr, que esse programa está na origem das figuras de apropriação, classificação, negação e afirmação no imaginário do colonizador. Mais adiante em seu texto, Kaviraj afirma a ligação direta entre o discurso racionalista e o projeto de enumeração e classificação dos britânicos na Índia, como decorrência da conexão entre conhecimento preciso e controle efetivo. "Para controlar uma sociedade era essencial colocá-la em sistemas taxonômicos" (op. cit., p. 43).

A questão do apagamento da historicidade do colonizado também é estudada por Bannerji (1994), que assevera que a estratégia de abstrair ou apagar referências definidas ao tempo, espaço e formas culturais é própria de qualquer relação de dominação, inclusive da relação colonial. Analisando as traduções de textos indianos do orientalista William Jones e seus ensaios sobre a Índia, do final do século XVIII, a autora defende a tese de que é necessário analisar também o método utilizado pelos orientalistas para produzir conhecimento, pois é o método que constrói um determinado sentido para o colonizado. No caso do discurso de Jones, o que seu método realiza é o ocultamento das realidades sociais tanto do sujeito (o inglês) quanto do seu objeto (o indiano). Esconde-se a noção de que o conhecedor e desvelador da Índia deve ser o homem europeu, o homem racional, cuja missão é revelar a "verdadeira Índia". O esquema interpretativo que Jones utiliza para "escrever" a Índia vem de um discurso (evolucionista, acrescentaríamos) já existente na Europa que opõe *civilização* e *tradição* a *selvageria nativa* e *barbarismo oriental* e advoga a importância da *missão* colonial para a melhoria das condições de existência dos povos colonizados. Na interpretação da autora, a dimensão metafísica dessa discursividade traz uma noção de atemporalidade e imobilidade que se traduz na concepção de que a Europa e a Índia são essencial e imutavelmente distintas. Por esse método, encobrem-se as realidades sociais conflitantes e contraditórias da Índia.

À guisa de conclusão, nota-se que os sentidos do discurso colonial resumidos no presente capítulo são analisados mais pelo ângulo da conexão entre colonialismo e cultura que pela relação mais imediata entre colonialismo e dominação econômica e política. Segundo Dirks (op. cit.), as intervenções culturais do poder colonial nas colônias são um lugar tanto ou mais explicativo para se entender o colonialismo que a dominação. De qualquer forma, o que se percebe é que os diferentes campos do conhecimento, assim como as manifestações estéticas, formulam (ou repetem) enunciados muito semelhantes, o que evidencia a construção de um saber universalizante, tingido de um efeito de sentido absoluto, sobre raças, povos e civilizações. Se a investida colonial necessitava de justificativas científicas, filosóficas ou morais, nessa construção ela encontrou um terreno não apenas fértil, mas já plantado com conceitos que lhe serviam na medida.

Neste capítulo, procuramos relatar algumas das análises que mostram sentidos típicos do discurso colonialista europeu e suas filiações a outros discursos que também ajudaram a formar o imaginário europeu sobre o Oriente. Esse quadro será pertinente para os capítulos de análise, a seguir, no sentido de mostrar sobretudo a imbricação de discursos nos recortes analisados e a proveniência das determinações que aí operam.

# NOTAS

1. Descreveremos adiante, neste mesmo capítulo, a construção da metáfora da *escala* como medida do grau de civilização dos povos no discurso evolucionista do século XIX, influenciado pelo discurso racionalista europeu do século XVIII, e mostraremos o funcionamento dessa metáfora no discurso colonial britânico no capítulo 5.

2. Cf. Slemon (1994) e Young (1990) para críticas a Said.

3. Em sua análise dos discursos produzidos sobre os índios brasileiros pelos missionários europeus, Orlandi (1990) observa que não só os próprios índios são representados como seres estáticos (são ou "puros" ou "aviltados"), segundo uma visão cristalizadora, como também a sua língua é interpretada como uma língua imóvel, incapaz de evolução e, conseqüentemente, pobre.

4. No que escrevo parafraseio, em parte, o que diz o autor à página 7 da obra citada.

5. Esse conceito de disposição de diferentes culturas em uma escala é determinante na constituição do sentido da colonização como missão no discurso colonial britânico sobre a Índia, conforme esclareceremos na análise contida no capítulo 5.

6. As noções de ordem e progresso remetem-nos à análise de Orlandi (1997) sobre os sentidos do enunciado inscrito na bandeira brasileira em sua filiação ao discurso positivista. A autora conclui sua reflexão afirmando que "é na tradição do discurso colonialista que podemos compreender o que significam esses discursos que falam da submissão (da ordem) natural do fraco ao forte" (idem, op. cit., p. 46). As análises que optamos por resumir neste capítulo acerca dos sentidos do discurso colonialista europeu revelam como essa tradição imperou na Europa do século XIX e influenciou a construção de sentidos para os sujeitos das colônias. O exemplo do Brasil é um caso entre muitos.

7. Francis Hutchins, *The illusion of permanence: British imperialism in India*. Princeton: Princeton University Press, 1967, apud Suleri (1992, p. 76).

8. A obsessão com o corpo do colonizado também pode ser interpretada como uma mescla de temor e desejo do corpo do outro, que resulta tanto na estratégia de representação da superioridade do eu *versus* a inferioridade do outro (isto é, do

civilizado *versus* o primitivo), como também na fetichização do outro: a substituição da sua força poderosa e proibida (do seu corpo como objeto do desejo) pelo mesmo corpo como objeto fragmentado. Para a análise desse processo de representação do outro, encontrado não apenas na história da colonização européia, mas também na atualidade, remeto o leitor a Hall (1997).

[9] A respeito do olhar, Pratt (1992) faz uma análise perspicaz sobre o gesto de apropriação do europeu através da descrição do que se apresenta aos olhos dos viajantes e exploradores nos seus relatos. A expressão cunhada pela autora — "monarch-of-all-I-survey" (monarca de tudo que avisto) — é suficientemente clara para expressar o significado desse olhar.

[10] Orlandi (1993) nos dá uma medida da influência dessa prática nos modos de se produzir sentidos para o Novo Mundo ao analisar o discurso dos naturalistas sobre o Brasil do século XVIII. Podemos dizer que, quanto à produção de sentidos para lugares e culturas desconhecidos do europeu e por ele colonizados, a denominação Novo Mundo deveria se estender a todas as terras colonizadas pelas potências imperialistas européias dos séculos XV ao XIX. Pratt (1992) também advoga a influência da história natural na forma de se conceber e classificar povos não-europeus, produzindo uma forma de consciência eurocêntrica, a partir da emergência dessa disciplina como uma estrutura de conhecimento na Europa do século XVIII.

[11] Thomas (1994) defende o argumento de que o discurso da antropologia foi um dos discursos que contribuíram para o fortalecimento do conceito de essencialismo no século XIX.

[12] Dirks (1992, p. 6) inverte a relação entre iluminismo e colonialismo, argumentando que o próprio colonialismo contribuiu para o projeto iluminista fornecendo-lhe um laboratório onde era possível conjugar as descobertas e a razão. As descobertas da expansão colonial possibilitaram o exercício da imaginação científica e o nascimento de novos campos para a ciência. Orlandi (1990), analisando o discurso europeu dos séculos XVI a XIX sobre as línguas indígenas no Brasil, toca exatamente nesse ponto ao observar que, no discurso sobre a América lusitana, a função colonizadora se nutre de um imaginário "científico" (aspas colocadas pela autora) - de observação, de descrição, de esclarecimento sobre o Novo Mundo – necessário para os mecanismos de dominação.

[13] Prakash (1992) pondera que foram os orientalistas que realizaram essa construção de entidades essenciais por meio de uma série de oposições binárias (Índia espiritual e emocional *versus* Ocidente materialista e racional, por exemplo), mas que, no entanto, a própria forma de representá-la fez com que parecesse anterior à colonização ao mesmo tempo em que a justificava. A Índia foi construída como "um objeto externo passível de conhecimento pela representação" (op. cit., p. 357).

[14] Este parágrafo constitui uma paráfrase do texto do autor à página 42.

Parte III

DESVELANDO SENTIDOS DE UM DISCURSO
COLONIAL EM SEU VIÉS POLÍTICO

Nosso objetivo nesta terceira parte é analisar os modos pelos quais o discurso político britânico sobre a concessão da independência à Índia representa tanto os indianos quanto os próprios britânicos (governantes e povo) e a relação entre eles. Esses modos são expressos por meio das seguintes operações lingüísticas:

1) designação:
    a) do processo de independência da Índia;
    b) da relação entre britânicos e indianos;
2) predicação do processo de independência;
3) relação enunciativo-dêitica expressa pelo pronome "nós" e outras formas de ocupação da posição de sujeito da enunciação.

Procuraremos demonstrar, nos capítulos 6 e 7, que o modo de presença do interdiscurso nesse *corpus* discursivo caracteriza-se sobretudo pela coexistência de sentidos opostos e contraditórios na construção discursiva do eu (britânicos), do outro (indianos) e da relação entre esses dois pólos.

Queremos também argumentar que há um efeito de sobredeterminação discursiva no entrecruzamento de discursos que compõem o discurso político britânico do período compreendido pela análise e é essa sobredeterminação que produz sentidos na representação dos colonizados indianos e dos próprios britânicos no discurso em questão.

Como argumentamos que uma das regiões do interdiscurso que constitui sentidos no discurso político britânico no período analisado é o discurso colonialista britânico do século XIX, época de apogeu do projeto colonial da Inglaterra, faz-se necessário também mostrar os funcionamentos discursivos através dos quais um discurso incide sobre o outro.

Capítulo 5

COLONIZAÇÃO COMO MISSÃO: SENTIDOS DO DISCURSO
COLONIAL BRITÂNICO SOBRE A ÍNDIA NO SÉCULO XIX

> Colonialism [...] is an operation of discourse, and as an operation of discourse it interpellates colonial subjects by incorporating them in a system of representation. They are always already written by that system of representation.
>
> C. TIFFIN e A. LAWSON, *De-scribing Empire*

A partir do exposto no capítulo 4, pode-se depreender que é característica marcante dos discursos colonialistas a formulação de enunciados absolutos sobre os povos colonizados, enunciados que se consolidam por meio de uma retórica tingida de tintas maniqueístas, que impõe sobre diferentes povos, nações e outros grupos sociais sentidos fixos e reducionistas e, por isso mesmo, desprovidos de nuances. Na esteira desse maniqueísmo, faz parte da estratégia do colonizador negar uma história própria para a colônia, anterior à imposição do jugo colonial. Nessa visão, o passado da colônia é entendido como ausência, resultando na interpretação de que tanto a terra quanto o seu habitante vivenciam um eterno presente. Reduz-se, então, o outro a uma essência imutável e não-histórica, enquanto o colonizador é retratado, em contraposição, como um ser histórico, capaz de transformações e reformas radicais.

Neste capítulo, partimos desse quadro geral dos sentidos do discurso colonialista para analisar o funcionamento das figuras de linguagem no discurso colonial britânico do século XIX sobre a Índia em duas vertentes principais: o discurso político e o discurso missionário, embora tenhamos também analisado, em menor medida, o discurso dos educadores, que não deixa de fazer parte do discurso político.

Dizer que os discursos político e missionário fazem parte da mesma formação discursiva ou que pertencem a formações discursivas imbricadas uma na outra tem desdobramentos que devem ser levados em conta. A primeira pergunta que deve ser feita é: como se pode afirmar isso? A esse respeito, acreditamos que a análise dos sentidos desses dois discursos, que faremos a seguir, deixará claro que eles produzem enunciados semelhantes sobre o colonizado indiano, os quais revelam a inscrição de um mesmo pré-construído discursivo. Outra questão que surge é se o fato de os discursos político e missionário estarem ligados à mesma formação discursiva tem alguma conseqüência e relevância para a análise que empreendemos neste trabalho. A resposta é afirmativa e as considerações a esse respeito serão feitas ao final deste capítulo e na conclusão da obra.

Postulamos que as figuras de linguagem constituem, nesse discurso, o lugar determinante de produção de sentidos sobre o colonizado indiano. A análise do tipo semântico-enunciativa empreendida concentrou-se em enunciados que contêm figuras através das quais os discursos em questão predicam sobre os colonizados. A partir daí procuramos compreender os seus efeitos de sentido.

Conforme assinalado no capítulo 3, dentro do recorte feito no material de arquivo com o objetivo de analisarmos a relação colonial através do modo de representação do eu (colonizador) e do outro (colonizado) no discurso do colonizador, o recorte do *corpus* que será analisado no presente capítulo justifica-se como forma de se perceber as ligações do discurso político britânico no período pré-independência da Índia com a sua memória discursiva. Os sentidos do discurso do período pré-independência ligam-se ao discurso colonial do século XIX pela inscrição de um traço de memória (cf. Maldidier e Guilhaumou, 1994) que se revelará determinante para a compreensão do funcionamento do discurso político britânico sobre a Índia.

Vejamos, então, que sentidos constituem o discurso colonial britânico no apogeu do Império e da expansão colonial. Pode-se afirmar que ele se enuncia como um discurso dicotômico, que se equilibra entre a plenitude e a falta. Do lado da plenitude está o colonizador, possuidor de progresso e civilização, das verdadeiras ciência e religião; do lado da falta encontra-se o colonizado, cuja diferença é interpretada como carência dos dotes considerados essenciais para o aprimoramento da humanidade. E a diferença é sinônimo de falta. Em parte como conseqüência da constatação sobre as lacunas do colonizado, em parte como justificativa para a dominação e controle, constrói-se, no imaginário social da metrópole, uma tarefa nobre para a colonização: a de civilizar e, assim, fazer evoluir povos atrasados. Os agentes coloniais têm uma missão, que se desdobra em deveres e obrigações.

O mote da colonização como missão, que rege todo o discurso da catequese, afeta também o discurso político não só por influência desse discurso missionário como também por estar sustentado em uma categoria moral: a superioridade moral dos povos europeus lhes daria o direito e, sobretudo o dever de exercer seu poder para melhorar povos "atrasados" (cf. capítulo 4).

Nossa análise procurará mostrar como as formulações em torno da colonização como missão fixam-se em figuras que produzem um efeito de congelamento dos sentidos que passam a reger o discurso britânico sobre os colonizados indianos como parte de um processo de construção de identidades nessa relação colonial específica.

## O conceito de metáfora

Em nossa análise, mobilizaremos, inicialmente, o conceito de metáfora em Pêcheux (1969), que nos fornece uma teorização sobre o surgimento das metáforas em todo processo de produção de sentidos, contrastando-o com o funcionamento das figuras, como metáforas locais, no discurso sob análise. Procuraremos mostrar como as metáforas em torno da colonização fixam-se em figuras que produzem um efeito de congelamento dos sentidos que passam a reger o discurso sobre a colonização. Para demonstrar o funcionamento das figuras e outros termos a elas relacionados, lançaremos mão da abordagem da metáfora proposta por Lakoff e Johnson (1980), como instrumento de análise.

Diferentemente do conceito lingüístico de metáfora, que opõe o sentido literal (primeiro e natural) ao sentido metafórico interpretado como um *desvio* do sentido literal, e também da acepção mais abrangente de Lakoff e Johnson (op. cit.), para quem as metáforas estruturam nossos sistemas conceptuais e, portanto, precedem a expressão lingüística, embora também sejam tomadas como um fenômeno local,[1] Pêcheux postula um conceito de metáfora não como fenômeno local, mas sim como o cerne da produção de sentidos.[2] Seu texto de 1969 propõe uma ressignificação dos conceitos de metáfora e metonímia, na medida em que os estabelece como mecanismos presentes em todo processo de produção de sentidos. Tal concepção, já anunciada no texto de T. Herbert (1967), funda a construção de um dispositivo analítico para a análise do discurso na noção de efeito metafórico.

O texto de T. Herbert explicita o papel constitutivo da metáfora e da metonímia no processo de surgimento de uma nova ciência, ressaltando que toda ciência "é produzida por um trabalho de mutação conceptual no interior de um campo conceptual ideológico em relação ao qual ela toma uma distância que lhe dá, num só movimento, o conhecimento das errâncias anteriores e a garantia de sua cientificidade. Nesse sentido, toda ciência é inicialmente ciência da ideologia da qual ela se destaca" (op. cit., p. 64). O autor recorre à epistemologia de G. Bachelard (cf. Lecourt, 1978) para explicar como o processo de ruptura ocorre. Ele se dá quando surgem, aos olhos do cientista, "obstáculos epistemológicos", definidos como "os efeitos sobre a prática do cientista da relação imaginária que ele estabelece com [essa mesma prática]" (Lecourt, op. cit., p. 27). Os obstáculos, causados por um acúmulo de contradições em um determinado campo científico, podem levar a uma "ruptura epistemológica", com o conseqüente surgimento de novo campo científico.

Retornando a Herbert, aí está a condição para que se rompa a inviolabilidade da ideologia que governa uma ciência. Estabelecendo uma nova elaboração da noção de ideologia, Herbert marca-a pela sua relação com a linguagem e a postula, na esteira da concepção althusseriana, não como inversão da qual se possa escapar, mas sim como parte integrante e necessária de todo processo de constituição de sentidos.

O autor distingue duas formas de ideologia que atuam no processo de mutação conceptual: a ideologia empírica e a ideologia especulativa. Esse processo engendra a formação tanto de metáforas quanto de metonímias. Por meio da ideologia empírica, estabelece-se uma relação de *substituição* de um significante por outro, sob o efeito, entretanto, de que a relação é entre um significante e um significado (a realidade). Há, portanto, um deslocamento de significações e uma ligação metafórica com o "real".

Por sua vez, a função da ideologia especulativa é a de estabelecer uma relação de *conexão* entre significantes, o que é do domínio da metonímia. Em outras palavras, esse tipo de ideologia confere ao sujeito a ilusão de que há uma conexão lógica e "natural" entre significantes que, a um só tempo, inscreve os sujeitos na estrutura sintática e opera, para esse mesmo sujeito, o apagamento dessa inscrição (cf. Herbert, op. cit., p. 75).

Da mesma forma que a constituição de uma nova ciência só é possível por uma ruptura epistemológica com discursos científicos anteriormente estabelecidos e com os quais ela passa a se confrontar, todo novo processo de produção de um discurso vai sempre produzir deslocamentos ou *deslizes*, no sentido de passagem de um termo a outro, que são os efeitos metafóricos.

Para Pêcheux (op. cit., p. 96), o efeito metafórico é "o fenômeno semântico produzido por uma substituição contextual" que provoca um "deslizamento de sentido" entre dois termos. Ao postular que os sentidos de um discurso são determinados pelo processo de produção e pelas condições de produção desse discurso, o que significa inscrever os sentidos na história, Pêcheux afirma a sua posição oposta à da tradição lingüística de ver no sentido metafórico um *desvio* do sentido literal (natural). Fica explícito em Pêcheux que a literalidade é produto da história e que todo processo de produção de discursos se dá pelo constante *deslizamento* de sentidos, através do qual de um termo ou expressão se passa a outros, que os substituem. Por essa razão, as metáforas devem ser entendidas não como desvios, e sim como *deslize* ou *transferência*. A metáfora está, pois, na base do movimento dos sentidos. Para haver discurso é preciso que se passe constantemente de um sentido a outro. Dito de outro modo, todo novo processo de produção de um discurso vai sempre produzir deslocamentos ou *deslizes*, no sentido de passagem de um termo a outro, que são os efeitos metafóricos.

*O funcionamento das figuras no discurso colonial britânico*

O que se pretende mostrar, no discurso analisado, é o funcionamento das figuras de linguagem e sua significação no modo de representação do colonizado. Tal análise permitirá constatar a forma oposta de funcionamento entre as figuras (metáforas locais) e os processos metafóricos de produção de sentidos, na acepção pechêutiana. Adiantaremos que as figuras são responsáveis por um efeito de congelamento dos sentidos (que é apenas efeito, pois, de fato, o movimento dos sentidos é constante), o que provoca um silenciamento e conseqüentemente o estabelecimento de sentidos aparentemente universais sobre o colonizado.

Serão analisadas primeiramente as seguintes formulações, extraídas de escritos de missionários e educadores:

1) *True religion* being revived in England, began to be felt in India: the church of Christ awoke to a sense of its *obligations* to "those who sit *in darkness*", [...] India was thought of, and efforts organized to preach Christ's gospel to its *perishing* millions (J. Kingsmill, *British Rule and British Christianity in India*, 1859, p. 115).

2) What could we possibly expect, unless a condition *the most degraded and demoralized, the most wretched and miserable*? And is not this, by universal consent, the present condition of the millions of India?
Suppose, next, salvation and eternity were for the moment kept out of view; [...] How is the temporal estate of India's teeming population *to be ameliorated*, — their personal, domestic, and social happiness *to be augmented*, — their individual and national character *to be elevated and improved*? (Rev. A. Duff, *India and India Missions*, 1839, pp. 260-1).

3) These are the systems [isto é, os sistemas de educação hindu e muçulmano] under the influence of which the people of India have become what they are. They have been weighed in the balance, and have been found wanting. To perpetuate them, is to perpetuate the *degradation and misery* of the people. Our duty is not to teach, but to unteach them, — not to rivet

*the shackles which have for ages bound down the minds of our subjects*, but to allow them to drop off by the lapse of time and the progress of events (C. Trevelyan, *On the Education of the People of India*, 1838, p. 85).

Observa-se que são construídas figuras para representar a condição dos indianos no que concerne à religião e educação: "in darkness", "perishing millions",[3] "the shackles which have for ages bound down the minds of our subjects". A essas figuras estão associados, no sentido que explicaremos a seguir, termos também figurados[4] que predicam sobre a condição dos colonizados indianos ("a condition the most degraded and demoralized, the most wretched and miserable"; "the degradation and misery") e outros que dispõem acerca da necessidade de atuação sobre essa condição miserável ("to be ameliorated"; "to be augmented"; "to be elevated and improved").

Neste ponto, a abordagem da metáfora de Lakoff e Johnson (1980) nos permitirá analisar, em parte, a associação entre esses termos e as figuras acima citadas. Inicialmente, porém, situando-nos como nos situamos nos campos da semântica enunciativa e da análise do discurso, somos obrigados a apontar as limitações de tal abordagem, visto tratar-se de uma conceituação lingüística e cognitiva da metáfora, que não estabelece ligações entre os sistemas mentais e o funcionamento discursivo da linguagem, necessariamente constituído na relação da materialidade lingüística com a história e a sociedade. Feita a ressalva, pode-se argumentar, a favor da teorização dos dois autores, que o seu conceito de metáfora permite alguma compreensão sobre a formação das metáforas locais e o seu funcionamento na linguagem, aspecto que a visão lingüística tradicional da metáfora não permite alcançar. Utilizada como instrumento de análise, a abordagem de Lakoff e Johnson servirá para explicar como as figuras presentes em nosso *corpus* se agrupam em torno de um mesmo conceito, que será analisado, por nós, de uma perspectiva discursiva para dar conta de explicarmos a constituição histórica dos sentidos em questão.

Lakoff e Johnson defendem o argumento segundo o qual as metáforas estruturam nossos sistemas conceptuais, sendo, assim, disseminadas não só na linguagem que utilizamos, mas também nos nossos pensamentos e ações. Para os autores, nosso sistema conceptual é em grande parte metafórico, o que os leva a concluir que as metáforas estão presentes no nosso modo de pensar e também no que fazemos e experimentamos, de forma às vezes inconsciente. Metáforas conceptuais são conceitos expressos por meio de metáforas que se relacionam entre si por semelhança e estruturam não só nossa expressão verbal, mas também nossas ações. Por exemplo, se tomarmos o conceito "Argumento" e a metáfora conceptual "Argumento é guerra", veremos que, na nossa cultura, estruturamos o conceito "Argumento" nos moldes de uma guerra. Assim, podemos *ganhar ou perder* um argumento, podemos *destruir nosso oponente, atacar* os argumentos do outro, usar de estratégias e *acertar o alvo ou não, defender* nosso ponto de vista, estipular uma *linha de ataque ou defesa* etc.

Inspirando-nos em Lakoff e Johnson, podemos afirmar que as figuras que expressam a condição dos colonizados indianos no discurso sob análise organizam-se em torno da metáfora conceptual "Culturas existem em uma escala", o que implica que é possível medir e comparar as manifestações culturais de diferentes povos (sua religião, seu sistema educacional, econômico e político, seus valores, sua arte), atribuindo a cada povo um determinado ponto na escala. Nos pontos extremos dessa escala são colocados conceitos que funcionam por oposição: "morte", "escuridão", "aprisionamento", "degradação", "miséria", "infelicidade", no ponto mais baixo da escala, *versus* "vida", "luz", "liberdade", "aprimoramento", "abundância", "felicidade", no ponto mais alto. Percebe-se então a ligação, em torno desse conceito-chave, não só entre as figuras e as demais predicações sobre os colonizados, mas também entre essas e os termos que referem a necessidade de atuação do colonizador sobre o colonizado. O discurso em questão fixa os indianos em um ponto baixo da escala (eles encontram-se "na escuridão", estão "perecendo" espiritualmente, seu sistema educacional é "miserável" etc.) e afirma a necessária atuação do colonizador para "elevar" e "aumentar" sua posição na mesma escala.[5] Dessa forma, é possível perceber como a imagem da escala evolucionária construída nos discursos orientalista e evolucionista que expusemos no capítulo anterior funciona discursivamente.

Mas para que se possa justificar a ação do colonizador sobre o colonizado, é preciso que a metáfora conceptual seja precedida por um enunciado do interdiscurso da colonização, que pode ser expresso como "os colonizados são inferiores aos colonizadores" e que funciona como pré-construído neste discurso específico de construção da identidade do eu (inglês) e do outro (indiano). A predicação dos indianos como inferiores aos ingleses é a região do interdiscurso que o acontecimento enunciativo sob análise recorta como seu memorável, isto é, como aquilo que faz parte do passado do acontecimento e mobiliza seus sentidos.[6]

O efeito de pré-construído, isto é, construído anteriormente, em outro lugar, ocorre pelo funcionamento dos verbos "ameliorate", "improve" (ambos podem ser traduzidos por melhorar) e "elevate" (elevar), na formulação 2, que se ligam discursivamente às predicações das formulações 1 e 3: "in darkness", "perishing millions", "degradation and misery", no sentido de que essas predicações estão associadas a uma condição baixa e, portanto, ruim. O funcionamento discursivo dos verbos citados faz pressupor uma condição baixa ou ruim que alguma ação determinada pode *elevar* ou *melhorar*, pois que se há possibilidade de elevação ou melhora é porque a condição existente é inferior ou pior que a ideal. E se os agentes das ações de *elevar* e *melhorar* são os ingleses (missionários, educadores), sujeito implícito de "ameliorated", "elevated" e "improved" (formulação 2) e explícito em "our duty" (formulação 3) (como sujeito semântico, embora o sintagma "os ingleses" não figure como sujeito sintático), tem-se, como conseqüência, que os ingleses detêm uma condição superior àquela dos destinatários das ações. Ou seja, se a ação de *elevar* os indianos pode ser realizada pelos ingleses, está pressuposto que estes ocupam uma posição mais elevada que os primeiros, daí o efeito de pré-construído.

Porque o discurso que significa o colonizado indiano é regido por essa metáfora conceptual, as ações de erradicação dos danos são justificadas, tornando-se mesmo uma *obrigação* (em 1) e um *dever* (em 3) do colonizador. O colonizado é construído discursivamente como aquele que deve ser resgatado para a vida cristã, como forma de salvação eterna, em (1), e a quem devem ser ensinados os valores da "verdadeira civilização", também como forma de salvação, desta vez, terrena, em 2 e 3. O progresso a ser levado aos "nativos" teria a função de causar a sua *ascensão* na escala.

Nesse discurso, religiões e sistemas de educação locais são apontados como os responsáveis pelos danos ao colonizado. Em contrapartida, a religião dos ingleses é determinada pelo adjetivo "true", o que permite acrescentar mais um par de conceitos na escala: "falso", localizado na extremidade inferior, em oposição a "verdadeiro", na extremidade superior.

As palavras de ordem desse discurso são "obrigações" (*obligations*) e "dever" (*duty*) para com os colonizados, que são sancionadas pelo discurso oficial, proferido pela autoridade máxima — o monarca — conforme exemplificado em 4:

4) We hold ourselves bound to the natives of our Indian territories by *the same obligations of duty* which bind us to all our other subjects, and *those obligation*s, by the blessing of

Almighty God, we shall faithfully and conscientiously fulfil (Proclamação da rainha Vitória no evento de passagem do governo da Índia para a Coroa britânica, em 1858, após a abolição da Companhia das Índias; em Basu, 1931, p. 974).

A caracterização humanitária de *obrigação* e *dever* encontra sua tradução emblemática na frase "the white man's burden" (o ônus do homem branco), do escritor Rudyard Kipling, que sintetiza a justificativa da colonização como *missão n*o discurso colonial inglês (cf. capítulo 4).

O mesmo processo discursivo[7] apontado no discurso dos missionários e educadores caracteriza o discurso político britânico do século XIX, apresentado nas seqüências 5, 6 e 7, a seguir, mostrando que são discursos afiliados a uma mesma formação discursiva:

> 5) The House was aware of what educational measures had been adopted in India, and he, for one, rejoiced that a large portion of their Lordships were of opinion that it was the *duty,* as it was the privilege, of the British Government to *improve the education* of the swarming population who were subject to this country in India. As far back as 1813, on occasion of a renewal of the Company's charter, it was recognized by the charter that it was the *duty* of the Government of India to endeavour to encourage learned Natives to introduce Western literature, and to impart that *useful knowledge* which would be most likely to establish the material welfare of the country, as well as to *improve the moral character* of the Natives themselves. [...] He had also been informed that, [...] our successes were in general not so much owing to our *superior science* as to those moral qualities which no mere teaching could impart, and which were *inherited by Englishmen through the blood they had derived from their ancestors*, and their being brought up under Western civilization and free institutions; *thus constituting them a race superior to the Natives* with whom they

had to deal. [...] Every thinking man in the present day was of opinion, that our *real object* in our government of India must be *to benefit the people governed*, and that therefore we must *do our best* to *elevate them in the scale* of social and moral being (Conde de Granville, 148 Hansard's Parliamentary Debates, 3s., 19/2/1858, pp. 1.725-29).

6) He was sure that if [...] it was our desire *to promote the moral advancement* of the people of India, that object could not in any way be more efficiently promoted than by the extension among them of a knowledge of the great *truths* of the Christian religion; [...] He hoped that discussions like the present in Parliament would rouse the people of England more and more to a sense of their *duty t*o extend the blessings of Christian civilization to the millions of India (Duque de Marlborough, 153 Hansard's Parliamentary Debates, 3s., 15/4/1859, pp. 1.789).

7) In 1857 a Minute was issued by Sir Charles Wood, from which he would quote the following passage: — "Before proceeding further we must emphatically declare that the education which we desire to see extended in India, is that which has for its object the diffusion of *the improved arts, science, philosophy, and literature of Europe* — in short, European knowledge. To attain this end it is necessary, for the reasons we have given above, that they (the Natives of India) should be made familiar with the works of European authors, and with the results of the thought and labour of Europeans on the subjects of every description upon which knowledge is to be imparted to them; and to extend the means of imparting this knowledge must be the object of any general system of education".
It thus appeared that the system of education *we were now endeavoring to apply to India* was based essentially upon a European model, and was calculated to ensure that the Natives should become acquainted with every branch of European science, philosophy, and arts. But now, in order to judge of

the effect of such a system, their Lordships must remember the nature of the religion which prevailed in India. Their Lordships must understand what were the systems of that religion, founded, not only on *false doctrine*, but also on *false science*, before they could appreciate the results of such a mode of education. If their Lordships would refer to the description of the Brahmin religion given in the recent able work of Sir Emerson Tennent, they would find that it was not only a *false religion*, but was so *mixed up with errors in science* that as soon as *European knowledge, intellect, and true science* were brought to bear upon it the foundation upon which it rested was utterly destroyed (Duque de Marlborough, 159 Hansard's Parliamentary Debates, 3s., 2/7/1860, pp. 1.242-43).

Queremos observar que se constroem duas oposições nesse discurso:

1) entre verdadeiro e falso, por meio da determinação da ciência européia como *verdadeira* ("true science") e da designação da religião cristã como composta de verdades ("the truths of the Christian religion") enquanto a religião e a ciência indianas sofrem a determinação de serem *falsas* e *errôneas* ("false doctrine", "false science", "false religion", "mixed up with errors in science");
2) entre superior e inferior, não só através da determinação da ciência e raça européias como superioras às dos "nativos" ("our superior science" e "constituting them a race superior to the Natives"), mas também pela implicação de inferioridade dos indianos contida em frases como "improve the moral *character*" e "*we must do our best to elevate them in the scale* of social and moral being".[8] Neste caso, poderíamos repetir a demonstração feita acima acerca da existência do enunciado "os colonizados são inferiores aos coloniza-

dores" funcionando como pré-construído também na formulação 5. Tais construções reproduzem "a retórica do dualismo" (Viswanathan, 1990, p. 18), presente no imaginário das relações coloniais, através da qual se separam os seres humanos "cultivados", moldados pelo conhecimento, ciência, língua e literatura dos seres "naturais", oprimidos pelo pecado e pela vileza de temperamento.

Ademais, da mesma forma que no discurso dos missionários e educadores, a caracterização da colonização como *dever* de provocar a ascensão dos colonizados do seu patamar original de inferioridade também percorre esse discurso.[9]

Não é necessário nos repetirmos, bastando referir a análise feita acima sobre a representação do eu, do outro e da relação colonial em torno da metáfora conceptual "Culturas existem em uma escala" e observar que ela pode ser aplicada a esse recorte também.

Entretanto, gostaríamos, neste ponto, de fazer uma observação que nos parece relevante para explicitar o movimento de sentidos que vai resultar no efeito de congelamento construído pela metáfora. Lembrando o exposto no capítulo anterior, pode-se afirmar que a metáfora conceptual "Culturas existem em uma escala" filia-se ao discurso evolucionista europeu do século XIX, que, por sua vez, é influenciado pelo discurso racionalista do século XVIII, e fornece uma justificativa para o projeto colonial. A análise deixa claro que o que está significando no discurso colonialista britânico é o conceito de diferentes graus evolutivos entre as raças e a necessidade de atuação sobre os povos que se encontram em posição *inferior* para possibilitar-lhes a *ascensão* na escala. Porém, conforme relata Spurr (1993), as diferenças entre os povos tanto pode ser atribuída a uma escala evolutiva, que vê a possibilidade de ascensão (a corrente histórica), quanto a diferenças inerentes e imutáveis (a corrente essencialista). Os termos associados às figuras no *corpus* analisado aparentemente mostram uma filiação à corrente histórica, visto que o discurso se constitui sobre itens lexicais como "melhoria", "elevação" e "avanço". Por outro lado, o conceito de que existem entre as raças humanas diferenças essenciais de ordem psicológica, intelectual e moral está vinculado à teoria de "tipos" humanos, segundo Young (1995), que, por sua vez, substituiu uma teoria anterior, aceita por alguns cientistas na Europa durante o século XVIII e pelo menos primeira metade do século XIX, de que raças diferentes constituíam, na verdade, espécies distintas. Constata-se que também esse sentido de "tipos" humanos distintos significa no discurso da colonização britânica de que estamos tratando se atentarmos para a seqüência 5 acima: "our successes were in general not so much owing to our superior science as to those moral qualities *which no mere teaching could impart, and which were inherited by Englishmen through the blood they had derived from their ancestors*". Essa formulação explicita o sentido de uma diferença fundamental e imutável entre ingleses e indianos, que faz parte da essência de cada um, pois encontra-se na sua ancestralidade. Isso desloca o sentido apontado acima, de uma escala evolutiva que pode ser galgada, para a concepção essencialista, mostrando que esses sentidos conflitantes convivem em um mesmo enunciado.

Voltemos à questão do efeito de congelamento de sentidos no recorte analisado. Na acepção de Pêcheux, a metáfora está no cerne de todo processo de produção de sentidos e o efeito metafórico provoca o constante deslizamento dos sentidos no discurso por substituição de termos e expressões. Mas todo discurso parece parar (congelar) em alguns pontos, como resultado da ilusão do sujeito discursivo de que os sentidos são fixos e literais. No discurso em questão, são as figuras e os outros termos que têm sentido figurado por significarem a partir de uma metáfora conceptual que provocam esse efeito de congelamento e, conseqüentemente, de universalização dos sentidos. Tudo o que se diz sobre o colonizado nesse discurso, todo o modo como o colonizado e a relação colonial são representados estão contidos nas figuras, daí o efeito de universalização.

A divisão estereotipada que se observa no discurso colonialista entre o mundo do colonizador e o do colonizado pode ser descrita, utilizando-nos dos termos de JanMohamed (1995), como a economia da alegoria maniqueísta. A alegoria maniqueísta já toma como pressuposta a superioridade da cultura européia e apenas reafirma as estruturas dessa mentalidade no encontro com o outro, o colonizado. O mecanismo alegórico permite ao seu criador transformar diferenças históricas e sociais em dessemelhanças metafísicas e universais (cf. idem, op. cit., p. 22), contribuindo, assim, para a negação de uma história para o outro. Entretanto, esse mecanismo de introduzir representações imóveis produz, no seu próprio interior, substituições, na forma de diferentes imagens (sucessivos significantes) que vão se sobrepondo para significar uma mesma característica do colonizado. Segundo JanMohamed, esse valor de substituição dá ao mecanismo alegórico a condição de produzir deslocamentos, a despeito da presença permanente das forças de imobilização e fixação. O funcionamento das figuras, com seu efeito de congelamento, pode ser entendido como reafirmação da tentativa colonialista de perenização das características do colonizado, expressando talvez o desejo de controle do inevitável processo de deslize ou deslocamento dos significantes num mundo no qual a alteridade do outro apresenta-se incompreensível, caótica e incontrolável.

As figuras, que classificamos de metáforas locais, funcionam ao contrário dos processos metafóricos de Pêcheux, pois estabelecem o limite que impede a ruptura (o deslize de sentidos). As figuras são o lugar onde a formação discursiva colonialista trabalha a continuidade e rechaça a ruptura, num movimento de reafirmação de seus próprios limites.

Paradoxalmente, as metáforas, que, na visão lingüística, são tomadas como *desvios*, pontos por onde o sentido se desloca, revelam-se aqui como pontos onde o sentido "pára". A compreensão de tal fenômeno só é possível a partir de uma perspectiva discursiva da metáfora, como a que adotamos, e sugere que o funcionamento das metáforas nos discursos merece ser estudado sob essa ótica.

E o efeito de congelamento provoca um silenciamento. Se há uma representação do eu, do outro e uma comparação entre eles que são tomadas como sentidos fixos e únicos, há necessariamente, como contrapartida, o silenciamento de outras possibilidades de sentido. No movimento de constituição dos sentidos, que passa sempre pelo dizer e pelo silenciar, um sentido que se fixa pelo dizer silencia outros sentidos possíveis, ainda que ilusoriamente.[10] É a capacidade de ação do colonizado e de elaboração de um sentido sobre si mesmo que é silenciada, já que se trata de um discurso que confere tão somente aos ingleses a possibilidade das ações e interpretações, colocando-os como sujeitos semânticos (agentes) dos processos verbais. Aos ingleses cabe "elevar", "melhorar", "aumentar", "promover", "beneficiar" e "fazer avançar". O discurso cria a ilusão de apagamento da alteridade — no sentido desse termo formulado por Bhabha (1994b), como o outro (o colonizado) que também está presente na constituição do sujeito colonizador — pelo não-reconhecimento do espaço do outro. Acreditamos que esse seja um mecanismo típico do discurso colonialista: o sujeito enunciador coloca-se na posição enunciativa do governante (dominante) que fala do lugar do império, isto é, do lugar de um poder que não precisa se legitimar nem, conseqüentemente, reconhecer a representatividade do outro, do governado.

O efeito de congelamento em alguns pontos do discurso — onde se constroem as figuras — mostra como os sentidos se movimentam na formação discursiva à qual os discursos político e missionário estão filiados. Trata-se de uma formação discursiva que funciona de tal modo que os sentidos parecem "parar" em determinados pontos; e é exatamente nesses lugares de "parada" que se revelam os sentidos dos discursos que a atravessam e lhe dão os seus limites: o discurso "científico" (evolucionista e racionalista) e o discurso da catequese (mais especificamente, dentro deste, o discurso da salvação). O que o efeito de congelamento mostra é que o discurso colonial britânico entra em contato com o seu interdiscurso (neste caso, os discursos "científico" e da catequese) por serem ambos perpassados pela mesma ideologia, condensada na metáfora conceptual analisada. De fato, é nas construções figuradas que parecem congelar os sentidos que a ideologia se mostra mais "transparente", transparência que provoca um efeito de convencionalidade e mesmo literalidade dos sentidos: efeito de sentido absoluto e universal.

Na construção de uma identidade para o indiano, o discurso britânico reforça os limites da formação discursiva colonialista e, nesse espaço, cria o efeito de uma diferença incomensurável entre colonizado e colonizador: por meio do mecanismo de congelamento, o primeiro é para sempre fixado em um lugar que o definiria em sua essência.

Para finalizar o presente capítulo, resta-nos considerar a relevância de se constatar a aproximação, em termos de formações discursivas, dos discursos político e missionário sob investigação. Afirmar que os dois discursos se filiam à mesma formação discursiva, ou que, pelo menos, pertencem a formações discursivas que estão imbricadas, implica atentar para a importância do discurso missionário na construção de um discurso propriamente político sobre a relação colonial e a identidade do eu e do outro. Significa que, qualquer que seja o recorte que se faça para análise ou qualquer que seja a perspectiva sob a qual se considere a relação colonial entre ingleses e indianos, esse lugar de contato entre religião, ciência e política precisa ser considerado, pois essa imbricação produz sentidos. No discurso político britânico, o indiano é constituído a partir do lugar do Estado, mas também da igreja.

Neste capítulo, nossa intenção foi demonstrar o funcionamento do recorte que elegemos para verificar a constituição, no discurso britânico sobre a Índia do século XIX, da identidade do eu e do outro e de uma relação colonial específica. Nos capítulos 6 e 7 procederemos à análise do outro recorte — o discurso político na época da pré-independência da colônia — procurando mostrar as ligações entre esses dois recortes, em que o primeiro funciona como traço de memória do segundo e segue, pois, significando o colonizado e a relação colonial.

# NOTAS

[1] Para uma apresentação e crítica detalhada de modelos lingüísticos da metáfora, assim como do método conceptual proposto por Lakoff e Johnson (1980), vide Coracini (1991).

[2] Agradeço a Mónica Zoppi-Fontana por suas observações a respeito da distinção entre o sentido de metáfora em Lakoff e Johnson e em Pêcheux.

[3] No contexto, "perishing" constitui uma metáfora no sentido estritamente lingüístico de substituição de um termo próprio (literal, natural) da língua por outro figurado, uma vez que não se refere à morte física de milhões de indianos e sim à sua condição de morte "espiritual" pelo fato de não professarem o cristianismo.

[4] Esses termos têm a aparência de literalidade, na acepção estritamente lingüística do conceito, como oposição entre o literal — sentido primeiro e natural — e o metafórico — sentido desviante e criativo —, porque são convencionalizados pelo funcionamento da metáfora conceptual que explicaremos a seguir.

[5] A divisão estereotipada que se observa no discurso colonialista entre o mundo do colonizador e o do colonizado pode ser descrita, utilizando-nos dos termos de JanMohamed (1995), como a economia da alegoria maniqueísta. A alegoria maniqueísta já toma como pressuposta a superioridade da cultura européia e apenas reafirma as estruturas dessa mentalidade no encontro com o outro, o colonizado.

[6] O conceito de memorável como parte do passado de um acontecimento, não no sentido da cronologia e sim daquilo que, ao ser mobilizado, faz o acontecimento significar, é proposto por Guimarães (2001).

[7] Pêcheux (1975, p. 161) define *processo discursivo* como "o sistema de relações de substituição, paráfrases, sinonímias etc., que funcionam entre elementos lingüísticos — 'significantes' — em uma formação discursiva dada".

[8] É digno de nota o fato de que a metáfora da "escala" é explicitada no léxico no caso desta última frase.

[9] Segundo Viswanathan (1990), a construção imaginária do *dever* de se ensinar as "refinadas artes, ciência, filosofia e literatura da Europa" nas colônias britânicas foi

determinante para a consolidação do inglês (sua literatura e cultura) como disciplina escolar. A autora constata, por exemplo, que a disciplina de literatura inglesa apareceu nos currículos das colônias muito tempo antes de ser institucionalizada na Inglaterra.

[10] No capítulo 6, exporemos detalhadamente o funcionamento do silêncio no discurso, a partir da teorização de Orlandi (1992).

## Capítulo 6
## RELAÇÕES CONTRADITÓRIAS DE UM DISCURSO DA INDEPENDÊNCIA COM SEU INTERDISCURSO

> Language is always sabotaging the very structures it supports.
>
> D. SPURR, *The rhetoric of Empire*

Nos dois capítulos anteriores apresentamos um levantamento de sentidos do discurso colonial em geral, assim como um quadro das filiações desse discurso na sua constituição (capítulo 4) e percorremos o percurso específico dos sentidos do discurso colonial britânico sobre a Índia no século XIX (capítulo 5). Esse levantamento será imprescindível para entendermos o modo de funcionamento do discurso político britânico sobre a transferência de poder na Índia no período pré-independência e os seus efeitos de sentidos na constituição de formas de representação do eu (britânicos), do outro (indiano) e da relação entre eles.

*Coexistência de opostos e sobredeterminação*

Passemos, primeiramente, à análise enunciativa em torno de duas operações lingüísticas sobre as quais o discurso em questão se sustenta: formas determinadas de *designação* do processo de independência da Índia e da relação entre britânicos e indianos e de *predicação* sobre o processo de independência. Os funcionamentos discursivos dos enunciados resultantes da designação e da predicação sobre a independência da colônia revelam os movimentos de sentido que o discurso político britânico constrói.

Como a premissa básica de que partimos é que todo discurso é constituído pelo seu exterior (seu interdiscurso), nossa investigação nos levará a tentar compreender de que forma o discurso político britânico sobre a Índia no período pré-independência se relaciona com seu interdiscurso, enquanto lugar de constituição histórica dos sentidos, e que regiões do interdiscurso com ele se articulam.

Veremos que há um funcionamento enunciativo comum a todos os enunciados analisados, que é a coexistência de sentidos opostos, sedimentados em diferentes regiões do interdiscurso. No discurso em questão há um gesto de instauração de sentidos formulados em um discurso que podemos denominar discurso de soberania, mas que não têm o efeito de apagar sentidos constitutivos de um discurso colonialista, que se apresentam como memória discursiva da colonização. O mecanismo discursivo que funciona organicamente (cf. Guimarães, 1989b) é a relação necessariamente contraditória de coexistência de opostos no fio do intradiscurso.

Além da determinação interdiscursiva dos sentidos existente em todo discurso, gostaríamos de propor que a coexistência de opostos no discurso analisado é também *sobredeterminada*. Para falar a esse respeito, cremos ser necessário primeiramente expor o conceito de sobredeterminação em Freud e Althusser, sobre o qual baseamos nossa reflexão.

Tanto Freud quanto Althusser utilizam o conceito de sobredeterminação. Althusser retoma a noção de contradição em Marx, que, na sua forma mais pura, se resume na contradição entre o capital e o trabalho, para elaborar o seu conceito de sobredeterminação. É importante notar que o sentido marxista de contradição difere da acepção desse conceito na lógica formal. Nesta, contradição implica a impossibilidade de coexistência de dois elementos opostos, ao passo que, no sentido marxista do termo, para Althusser, a contradição é o modo de existência de todos os processos sociais. Na leitura de Marx por Althusser, o processo de pensamento (o plano dos conceitos e teorias) é sobredeterminado por todos os outros processos sociais (por exemplo, trabalhar, comer, votar etc., que estão no plano do real-concreto), assim como cada processo social é sobredeterminado por todos os outros. Ou seja, cada um dos processos participa da constituição dos outros. Com isso, cada um dos processos contém as qualidades, influências, momentos conflitantes de todos os outros processos que o constituem (cf. Resnick e Wolff, 1987).

A contradição é, segundo Althusser, "sobredeterminada em seu princípio", já que ela é sempre "determinada pelos diversos *níveis* e pelas diversas *instâncias* da formação social que ela anima" (Althusser, 1979, p. 87). Nesse texto, Althusser recorre ao conceito de sobredeterminação para pensar as circunstâncias que fazem com que, pelo acúmulo de contradições que sobredeterminam a contradição básica (a do Capital e do Trabalho), ocorra uma ruptura revolucionária na estrutura social. Em outro texto, Althusser define a sobredeterminação de forma mais genérica, nos seguintes termos: a sobredeterminação "designa [...] a conjunção de determinações diferentes sobre um mesmo objeto, e as variações da dominação entre as determinações no seio mesmo da sua conjunção".[1]

Logo, vemos que, para Althusser, a contradição e a sobredeterminação são concomitantes, o que, para explicar o efeito de sobredeterminação no discurso que analisamos, parece-nos um conceito interessante.

Em Freud, o conceito de sobredeterminação designa o fato de uma formação do inconsciente (sintoma, sonho etc.) remeter a vários fatores determinantes. Nos textos de Freud, encontram-se dois sentidos diferentes para isso. O primeiro, em referência aos sintomas histéricos, significa que a formação é determinada por várias causas. O segundo, que Freud utiliza para discorrer também sobre a histeria, mas sobretudo sobre o sonho, significa que "a formação remete para elementos inconscientes múltiplos, que podem organizar-se em seqüências significativas diferentes, cada uma das quais, a um certo nível de interpretação, possui a sua coerência própria" (Laplanche e Pontalis, 1967, p. 488).

É sobretudo nos textos sobre interpretação dos sonhos que Freud explora mais detidamente o fenômeno da sobredeterminação, ou determinação múltipla. Há sobredeterminação do conteúdo manifesto do sonho quando cada elemento desse conteúdo é representado diversas vezes nos pensamentos do sonho, ou seja, determinado não por um único elemento mas por uma série deles, ao mesmo tempo que "cada pensamento do sonho é representado neste último por vários elementos" (Freud, 1969, p. 276). Advertem Laplanche e Pontalis (op. cit.) que a sobredeterminação não implica a independência dos diversos elementos ou significações de um mesmo fenômeno. Ocorre um entrecruzamento das diversas cadeias significativas em "pontos nodais", o que é comprovado pelas associações. Nas palavras de Freud, "[a]ssim como as ligações levam de cada elemento do sonho a diversos pensamentos oníricos, também cada pensamento onírico isolado, em geral, é representado por mais de um elemento do sonho; os fios da associação não convergem simplesmente dos pensamentos oníricos para o conteúdo do sonho, mas se cruzam e entrelaçam muitas vezes no curso de sua jornada" (op. cit., p. 586).

Gostaríamos de argumentar, em relação ao discurso político britânico sob investigação, que a coexistência de sentidos opostos, entendida como formação, por analogia ao conceito freudiano, é sobredeterminada por dois motivos: pelo fato de remeter a diversos fatores determinantes, isto é, por ser uma formação representada por diversos mecanismos discursivos e, ainda, pelo fato de as diversas "cadeias significativas" que contêm esses mecanismos se entrecruzarem em mais de um "ponto nodal" por meio de associações. E como resultado dessa heterogeneidade, a contradição se faz presente pela própria participação de diferentes fatores determinantes. Tentaremos explicitar essas questões no decorrer da análise e retornaremos especificamente ao tópico da sobredeterminação ao final deste capítulo.

A seguir, analisaremos os enunciados sobre o processo de independência da Índia quanto aos seus funcionamentos discursivos.

*Sentidos da nomeação: "the transfer of power"*

O sintagma "the transfer of power"[2] pode ser considerado o enunciado emblemático do processo de concessão da independência à Índia, pois pode ser tomado como a condensação de um modo de construir o discurso sobre a independência. Veremos, por meio da análise a seguir, como esse enunciado articula sentidos formulados em diferentes regiões do interdiscurso que, no fio enunciativo, produzem o efeito de coexistência de contrários. Sentidos que apontam para um discurso de soberania e criam a ilusão de instauração de um discurso "novo" para a colônia são atravessados por sentidos filiados a discursos sedimentados historicamente, como é o caso do discurso colonialista, que inscrevem, na enunciação, o já-dito, que é do domínio da memória (cf. Courtine, 1981).

Pode-se observar que o enunciado "the transfer of power", repetido incontavelmente como designação da forma de concessão da independência pela Coroa britânica à colônia, representa uma diluição, ou mesmo, negação, do político e do histórico,[3] pelo apagamento das lutas e reivindicações pela independência travadas pelos nacionalistas indianos, sobretudo durante as duas últimas décadas de poder colonial britânico na Índia.

Perceberemos claramente esse apagamento se opusermos "transferência" a "conquista", designação esta ausente do discurso analisado que somente seria formulável em outra formação discursiva. A nomeação do processo de independência como "conquista" dos indianos traria a memória dessas reivindicações para o espaço discursivo e construiria outro sentido para esse processo, pois conferiria um papel (de agente) aos indianos.[4] Em contrapartida, o sintagma "transferência" não só apaga qualquer vestígio de uma relação conflituosa, provocando até um efeito de burocratização, como também nega aos indianos qualquer agentividade no processo. Mas como aquilo que é silenciado permanece significando, como procuraremos demonstrar adiante por meio de uma análise detalhada do funcionamento do silêncio no discurso em questão, pode-se dizer que se encontram em oposição, no discurso, uma relação conflituosa, que é silenciada, e outra, consensual. Porém, para fundamentar tal afirmação, é preciso responder como e onde o outro sentido permanece significando. Remetendo o leitor para a sub-seção "Silenciamento da categoria de *luta*", neste mesmo capítulo, adiantaremos que a "conquista" implica "luta" de algum tipo e que esta última categoria é expressa no discurso dos britânicos, especificamente em um período cronologicamente anterior à época da formulação dos enunciados sobre a transferência de poder. Demonstraremos adiante as condições de produção de enunciados sobre a luta dos indianos e suas reverberações parafrásticas, em um dado momento histórico, e sua substituição por outras condições de produção e outros enunciados, dentre os quais "transfer".

Constata-se também que há uma região de sinonímia[5] por onde circula o enunciado "the transfer of power", conforme ilustrada nos trechos 8 a 14 abaixo.

8) It is barely six months ago that Mr. Attlee invited me to accept the appointment of last viceroy. He made it clear that

this would be no easy task — since His Majesty's Government in the United Kingdom had decided *to transfer power* to Indian hands by June 1948 (Discurso de Lord Mountbatten à Assembléia Constituinte da Índia, 15/8/1947, em *The transfer of power*, vol. XII, p. 776).

9) This treaty will cover all necessary matters arising out of *the complete transfer of responsibility* from British to Indian hands (Sir Stafford Cripps, 434 H.C. DEB. 5s., 5/3/1947, p. 497; citação do tratado firmado pelo governo britânico com os indianos em 1942, regulamentando a futura transferência de poder).

10) Again, surely, an appeal might have been made to officers who have retired from the services in India to go back temporarily for the sole purpose of making sure that *we hand over our authority* in an orderly and dignified fashion [...] (Sir J. Anderson, 434 H.C. DEB. 5s., 5/3/1947, p. 523).

11) I say now if a date had to be fixed why should it not have been a date, after which, if no central authority had been brought into being by agreement, the Government would conclude that that possibility [...] would have to be dismissed, so that they could then proceed, with all energy, to arrange *a transfer of functions* as speedily as possible to the most convenient separate authorities in India that could be found at that time (Sir J. Anderson, 434 H.C. DEB. 5s., 5/2/1947, pp. 526-7).

12) Our declared objects were twofold — first, the betterment of the conditions of the people and the improvement of their standard of life; and, second, to teach them the ways of good administration and gradually train them to undertake responsibility so that one day *we could hand over to them the full burden* of their own self-government (Mr. Clement Davies, 434 H.C. DEB. 5s., 5/3/1947, p. 530).

13) Agreement among the great Indian communities was hitherto, we were led to believe, one of the essential preconditions of *any transfer of the full machinery of the government* to a Constituent Assembly (Major Mott-Radclyffe, 434 H.C. DEB. 5s., 05/03/1947, p. 574).

14) In conclusion, it seems to me that the Opposition Amendment is a contradiction in terms. They say, in effect, that they quite intend to *hand over independence* to India, but not now — at some future date (Lieut.-Colonel Hamilton, 434 H.C. DEB. 5s., 5/3/1947, pp. 582-3).

Pelos exemplos citados, vê-se que a formulação "the transfer of power" apresenta-se em relação de sinonímia com as seguintes formulações (nem todas estão exemplificadas, por entendermos que todas funcionam discursivamente de maneira semelhante):

The transfer of/ to transfer/ to hand over power
                                responsibility
                                authority
                                functions
                                burden
                                machinery
                                independence
                                duties
                                rights
                                obligation/obligations[6]

Primeiramente, destacam-se duas relações de sinonímia: uma entre o sintagma nominal "transfer" e os processos verbais "to transfer" ou "to hand over"; e a outra entre os objetos a serem transferidos ("power", "responsibility" etc.).

No caso da primeira, a transferência, ou o processo de transferência implicam uma passagem de algo (o complemento "power" e os demais) da parte de um agente para um destinatário,[7] em um processo que tem como resultado a transferência de posse. Assim, "transferir", "ceder" ou "entregar" causam um estado novo. Ao mobilizar algo de um pólo a outro, a transferência transforma um espaço (vazio, ou ao menos não ocupado pelo objeto a ser transferido) em espaço preenchido pelo conteúdo da operação.

Que sentidos são postos em funcionamento no enunciado em questão? Pelo processo de transferência, o agente deixa de possuir o objeto, que passa a ser possuído pelo destinatário, que por ele passa a ser responsável. A transferência provoca, portanto, uma transformação no destinatário: aquele que não tinha poder ou controle passa a tê-lo; aquele que não era responsável passa a sê-lo. Ademais, a mudança de propriedade se dá em um espaço físico: a transferência de poder aos indianos implica a instauração do poder no espaço geográfico da Índia, e não mais no espaço geográfico da metrópole. Em função dos efeitos de sentido que esse enunciado constrói, parece lícito afirmar que ele pode ser formulado em um discurso que denominaremos discurso da soberania, que permite a construção de um "outro" soberano para exercer o controle de suas ações. Um tal discurso deve, portanto, fazer parte do interdiscurso com o qual esse enunciado se relaciona.

Porém, na invocação do espaço discursivo da memória que se instaura como acontecimento, "no ponto de encontro de uma atualidade e uma memória" (Pêcheux, 1983b, p. 17), há outro discurso também significando nesse enunciado. Ao tomar posse da terra estrangeira, transformando-a em colônia, os britânicos adquirem poder para governá-la. Podemos dizer, assim, que um enunciado do interdiscurso da colonização na Índia (e não só na Índia, evidentemente) formular-se-ia como "Os britânicos têm/nós britânicos temos poder sobre a colônia", enunciado que, a um só tempo, "antecede" discursivamente o enunciado sobre a transferência e é a condição necessária para que o segundo funcione.

Ademais, o funcionamento desse enunciado na forma de pré-construído torna-o parte de um saber constituído que se apresenta na enunciação como dado. E esse funcionamento confere ao enunciado um efeito de legitimidade. O efeito de um "saber constituído" que liga esse enunciado ao discurso "científico" de postulação da superioridade dos europeus funciona já no discurso britânico do século XIX (cf. capítulo 5), sendo o que justifica a possibilidade de ações "corretivas" sobre os colonizados.

Portanto, podemos dizer que, além do apagamento das dimensões histórica e política do colonizado como efeito de sentido da designação do processo de independência como "transferência" em oposição a "conquista", conforme argumentamos acima, a nomeação de "transferência" significa discursivamente pela coexistência de sentidos opostos que vêm de diferentes (e contraditórias) formações discursivas. No sintagma "transfer" encontram-se tanto um sentido de um discurso de soberania quanto um sentido proveniente do discurso colonialista. Ambos os sentidos circulam no interdiscurso pelo qual esse acontecimento enunciativo é constituído e coabitam em um mesmo espaço discursivo.

Concluindo a análise do enunciado "the transfer of power", vê-se que nele há sentidos provenientes de diferentes formações discursivas que coexistem em oposição. De um lado, o discurso que denominamos de soberania traz para o enunciado o sentido de capacitação do colonizado e sua conseqüente ascensão a um novo patamar; de outro lado, sentidos típicos do discurso colonialista — o apagamento das dimensões histórica e política do outro e a afirmação da detenção de poder pelo colonizador, pelo efeito de pré-construído — também habitam nele. O resultado é uma relação contraditória entre ambos.

Veremos, a seguir, que a circulação de sinônimos do enunciado "the transfer of power" também põe em funcionamento sentidos do interdiscurso, caracterizando-se, novamente, uma intersecção entre o acontecimento (o momento da enunciação) e a memória (o espaço do interdiscurso).

Os complementos listados acima constroem uma relação de sinonímia em torno do enunciado "the transfer of power", além de revelarem processos metonímicos para significar a concessão da independência (com exceção do próprio termo "independence").

Com isso queremos dizer que cada um dos termos — poder, responsabilidade, autoridade, funções, ônus, máquina (governamental), deveres, direitos e obrigação(ções) — expressa metonimicamente um aspecto do que significa governar uma nação com autonomia.

Em primeiro lugar, é preciso ressaltar que esses sintagmas nominais funcionam como pré-construídos ao momento da enunciação. Vejamos por quê. Como já dissemos, eles têm a função sintática de complemento (isto é, objeto direto dos verbos "transfer" e "hand over" e complemento nominal do substantivo "transfer"). No plano semântico, esses complementos ligam-se ao sujeito semântico (o agente) de "transfer", visto que um processo de transferência significa que o agente da transferência possui o complemento que vai ser transferido a um destinatário. Em outras palavras, se <A> (=agente) pode transferir <X> (=complemento) para <B> (=destinatário), é porque <A> possui <X>. Considerando-se agora o plano discursivo, pode-se afirmar que o enunciado "Os britânicos possuem poder, responsabilidade, autoridade, deveres etc." é um enunciado do interdiscurso que, como indicamos no capítulo 5, faz parte dos sentidos do discurso colonialista.

Em segundo lugar, gostaríamos de argumentar que esses complementos têm a função de saturar (cf. análise sobre a saturação do nome em Indursky, 1997) a designação do processo de transferência com sentidos que aparecem como preenchendo todas as possibilidades de significação para a situação de concessão da independência aos indianos. Para avançarmos nessa reflexão, precisaremos primeiramente citar as seguintes análises. Spurr (1993) observa que o gesto de apropriação do colonizador (primeiramente, da terra, em seguida, dos corpos e mentes dos colonizados) efetua-se, entre outras formas, pelo discurso. Para mostrar o percurso que lhe permitiu chegar a essa constatação, o autor cita a análise semiológica de Barthes (1970), em seu ensaio "Gramática africana", sobre a linguagem do governo colonialista francês sobre a África, no qual Barthes constata que, no vocabulário oficial do governo francês em seus afazeres coloniais no continente africano, há predominância de substantivos, os quais identificam não objetos ou ações, mas sim noções genéricas como "humanidade", "missão", "destino", "cooperação", por exemplo. Ademais, emprega-se freqüentemente o artigo definido com esses substantivos, o que lhes confere o caráter de postulados que não podem ser contestados. Conclui Barthes que a profusão de conceitos é necessária nesse vocabulário para a cobertura da realidade: constroem-se mitos, fundamentalmente nominais, que petrificam a língua e deturpam a realidade.

Retornando a Spurr, esse autor aproveita as reflexões de Barthes para argumentar que a nomeação e a substantivação são formas gramaticais de apropriação; pela nomeação realiza-se a apropriação das coisas e pela substantivação os nomes adquirem uma substância que oculta o ato original de apropriação.

Quisemos fazer essas referências porque nos parece que a profusão de substantivos utilizados no discurso que estamos analisando para caracterizar o processo de transferência (de poder, obrigações, deveres, direitos, funções etc.) cria um efeito de saturação de sentidos, dado o fato de o processo de transferência vir desdobrado por tantos complementos que se tem a ilusão de que não há outras designações possíveis. Essa é uma das formas do silêncio, no trabalho de silenciamento de outros sentidos, de que trata Orlandi (1992), a que faremos referência de modo mais detalhado adiante.

Os sintagmas nominais que complementam "transfer" podem ser divididos em três categorias: há aqueles que trazem benefícios, os que acarretam ônus e uma terceira categoria de complemento, que apresenta um efeito de sentido de neutralidade, isto é, nem marcado por vantagens nem por desvantagens. São classificados como benefícios os complementos que implicam uma posição vantajosa para quem os possui. Desse lado positivo, estão *poder, autoridade* e *direitos*. Do lado negativo, alinham-se *responsabilidade, obrigação(ões), ônus* e *deveres*. E na categoria, digamos, "neutra" podem ser colocados os complementos *funções* e *máquina*, cujo efeito de sentido de neutralidade será analisado adiante.

Pretendemos demonstrar que o funcionamento discursivo desses complementos também é caracterizado por um modo de presença do interdiscurso de coexistência de sentidos opostos. Já vimos acima que há a presença de um enunciado do interdiscurso que seria "<A> possui <X>" (e, portanto, <A> pode transferir <X> para <B>). Isso traz para o momento da enunciação a memória do discurso colonialista no qual tal enunciado podia ser formulado, que poderia ser explicitado da seguinte forma: o colonizador possui poder e direitos sobre a colônia, mas possui também a responsabilidade e o ônus de levar o progresso e a civilização a povos e lugares atrasados. São sentidos que fazem parte do interdiscurso da história da colonização britânica, sendo formulados tanto no discurso político e educacional quanto no discurso missionário desde o início do projeto colonial.

Vejamos primeiramente como funciona interdiscursivamente a designação da independência como transferência de um fardo para outros ombros. Demonstramos no capítulo 5 que um dos sentidos da ideologia do colonialismo britânico na Índia no apogeu do Império Britânico era o de designar o trabalho e as tarefas do colonizador como "obrigação", "dever" e "ônus". Essa designação povoou o imaginário de todas as nações colonizadoras européias nos séculos XVIII e XIX (cf. capítulo 4), em um entrecruzamento de sentidos provenientes do discurso evolucionista (diferentes povos encontram-se em diferentes graus da escala civilizatória), do discurso missionário (povos cristãos civilizados têm a missão e o dever de levar a verdadeira religião a povos pagãos) e de um discurso racionalista-humanista (as civilizações adiantadas têm o dever de conduzir os povos atrasados ao aprimoramento moral e ao verdadeiro conhecimento).

Vê-se que, no discurso político britânico pré-independência, o enunciado "transfer of duties/ responsibility/ obligations/ burden" mantém relação com enunciados do discurso colonialista britânico de período anterior, estabelecendo com esse discurso uma rede interdiscursiva de formulações.[8] Esse mecanismo determina o caráter de pré-construído dos sintagmas "duties", "obligations" etc. e provoca um efeito de sentido de inserção da memória discursiva no acontecimento. Em outras palavras, a caracterização da concessão da independência como transferência de ônus, responsabilidade, obrigações e deveres traz, para o plano do intradiscurso, os sentidos da ideologia colonial e é dessa forma que o enunciado significa.

O que se constata é que esse enunciado funciona interdiscursivamente pela coexistência de sentidos opostos. De um lado, a formulação da concessão da independência como transferência de obrigações e seus sinônimos coloca o outro (colonizado) na condição de agente, daquele que passará a ter obrigações, responsabilidade e deveres. Tal enunciado é formulável em um discurso que já caracterizamos acima e denominamos discurso da soberania. De outro lado, a rede de formulações que esse enunciado estabelece com enunciados de discursos anteriores investe-o de sentidos provenientes dos outros discursos. Ora, se nesses discursos anteriores o que é formulável é o dever de povos adiantados de elevar povos atrasados a uma condição moral, educacional e religiosa melhor, o estabelecimento da rede de formulações descrita tem a conseqüência de investir a enunciação com esses sentidos também. Portanto, o que igualmente significa, nesse enunciado, em relação contraditória com os sentidos do discurso da soberania, é a designação do colonizado como povo atrasado, para o qual a colonização é condição de aprimoramento. É o efeito de congelamento dos sentidos através das figuras, apontado no discurso colonialista do século XIX, que continua operando por meio do pré-construído.

Os complementos que implicam benefício no enunciado "transfer of power", que são "poder", "autoridade" e "direitos", funcionam interdiscursivamente da mesma maneira. Assim como o primeiro conjunto de formulações — as que acarretam ônus —, estas também provocam a coexistência de sentidos opostos. Não é necessário nos alongarmos na análise; diremos apenas que o enunciado de que o colonizador possui poder e autoridade sobre a colônia e, sobretudo, o direito de exercê-los (porque encontra-se em um estágio mais avançado na escala civilizatória) também é formulável no discurso colonialista europeu em geral e investido de sentido pelas mesmas formações discursivas já mencionadas. No outro pólo, dizer que o colonizado passará a ter poder, autoridade e direitos faz parte de um discurso de soberania. Novamente, esses discursos que constroem sentidos conflitantes coexistem no acontecimento enunciativo e é essa contradição que significa. Um efeito de sentido semelhante ocorre no funcionamento discursivo da nomeação da relação entre indianos e britânicos por meio do sintagma "association", processo que será analisado adiante.

Quanto aos complementos "funções" (também formulado como "the transfer of the functions of Government") e "máquina de governo", eles são habitados por um discurso administrativo ou burocrático, diferentemente dos outros complementos analisados. A filiação a um discurso administrativo constrói um efeito de burocratização do processo de independência: a transferência de poder é referida apenas como um processo administrativo, e não político. Esse é o efeito de sentido de neutralidade mencionado acima. Por meio desse enunciado, a relação colonial e o processo de independência são designados como procedimentos burocráticos, com o conseqüente apagamento da dimensão política dessa relação.

Há ainda outro enunciado que se refere à transferência de poder e apresenta relação com o enunciado analisado acima, já que também constrói um efeito de sentido de neutralidade. Esse enunciado aparece em várias formulações e ocorre quando os britânicos apresentam sua proposta de formação de um governo interino, composto por britânicos e indianos, enquanto se aguardava que os partidos políticos indianos formulassem uma constituição para o país e, assim, segundo os planos dos britânicos, a independência pudesse ser concedida. Daremos um exemplo:

> 15) During the interim period the British Government, recognising the significance of the changes in the Government of India, will give the fullest measure of co-operation to the Government so formed in the accomplishment of its tasks of administration and in bringing about as rapid and smooth *a transition* as possible (Pronunciamento do secretário de Estado para a Índia, 16/5/1946, em Menon, 1968, p. 487).

O termo "transição" é utilizado para fazer referência ao período de atuação do governo interino, período esse que terminaria com a independência. Pelo fato de a palavra realçar o sentido de *passagem* de um estado a outro, tanto a função do governo quanto o próprio período em questão ficam despidos de conteúdos políticos e históricos. A independência da colônia, que está sendo estudada de um lado e reivindicada de outro, é caracterizada apenas como uma *passagem*, daí o efeito de neutralidade.

A diluição do político na forma que é significada pelo enunciado "transfer of functions/ machine" encontra eco no funcionamento discursivo em torno de um modo de se dizer a concessão da independência que apaga a dominância do poder colonizador, que será analisado adiante neste capítulo.

Finalmente, é importante destacar o enunciado "to hand over independence" e analisar o seu funcionamento discursivo. Observe-se que o enunciado em questão nomeia um modo de dizer a independência que a coloca como entrega ou cessão do colonizador. Isso quer dizer que o enunciado significa ao invocar a memória da relação colonial. Significa também que ele é apresentado na forma de pré-construído: só é possível formular o processo de independência como entrega ou cessão do poder colonial se o enunciado "os britânicos podem decidir-se pela concessão da independência aos indianos ou não" for formulável no interdiscurso.

Ademais, a materialidade lingüística de "hand over independence" caracteriza o processo como um movimento que vai na direção do colonizador para o colonizado: o agente é o colonizador, que dá algo a um destinatário, que é o colonizado. O enunciado não permite que o movimento aconteça na direção inversa, o que somente ocorreria se a passagem da colônia à condição de nação independente fosse formulada como uma conquista do colonizado. A designação da independência tal como é formulada e a ausência de formulações do segundo tipo repetem o mecanismo discursivo descrito acima a respeito do sintagma nominal "transfer", ou seja, a designação provoca o silenciamento de outro sentido. A conseqüência, mais uma vez, é a diluição das dimensões histórica e política do colonizado.

Com mais essa incursão pela esfera do silêncio e seus sentidos, parece-nos oportuno empreender a análise acerca do funcionamento discursivo do silêncio e suas conseqüências no nosso *corpus*. É o que faremos a seguir.

*Silenciamento e efeitos de sentido*

No discurso político britânico sobre a Índia, no período compreendido em nossa análise, há duas categorias que são parcialmente silenciadas. São elas a categoria do *direito* à independência por parte dos indianos e a categoria da *luta* dos nacionalistas indianos pela independência.

O silenciamento é efetuado por meio de dois mecanismos discursivos: o primeiro é a circunscrição do enunciado à esfera do particular; o segundo, a substituição de um enunciado por outros, de forma que a categoria em questão é impedida de significar. Neste último caso, o impedimento seria total se não fosse pela existência de um movimento inverso e contraditório de reconhecimento de uma esfera de representação política para o colonizado.

Faz-se necessário primeiramente definir o silêncio e o silenciamento dentro de uma perspectiva discursiva. Para tanto, tomamos como base a teorização sobre o silêncio empreendida por Orlandi (1992), obra na qual a autora postula que o silêncio é a "matéria significante por excelência", procurando compreender qual a sua relação com a linguagem. Perceber o silêncio como significação resulta em entender que ele é um *continuum* significante sem os "fechamentos" de sentido próprios da linguagem. Linguagem e silêncio são matérias significantes distintas: o silêncio é fundante e nele o sentido *é*; a linguagem se constitui para domesticar os sentidos, gregarizá-los, torná-los apreensíveis e unificados, tirá-los da dispersão e infinitude. Sob essa ótica, a autora afirma que a linguagem foi criada para conter a dispersão de sentidos e, assim, estabilizar o movimento dos sentidos no silêncio.

O silêncio é a dimensão do múltiplo, dos "outros" sentidos que a linguagem tenta reduzir ao "um". Alerta a autora, entretanto, que não se deve entender o caráter fundador do silêncio como "originário", nem como "o lugar do sentido absoluto". O silêncio deve ser compreendido como "a possibilidade para o sujeito de trabalhar sua contradição constitutiva, a que o situa na relação do "um" com o "múltiplo", a que aceita a reduplicação e o deslocamento que nos deixam ver que todo discurso sempre se remete a outro discurso que lhe dá realidade significativa" (op. cit., p. 23).

Esse sentido de silêncio fundador é distinguido da política do silêncio, que tem duas formas de existência: o silêncio constitutivo e o silêncio local. O primeiro determina que, ao dizer algo ("x"), outros sentidos se apagam, pois não se pode, ao mesmo tempo, dizer "y". "Generalizando", diz Orlandi, "toda denominação apaga necessariamente outros sentidos possíveis" (op. cit., op., p 76), jogando-os para a esfera do não-dito. Esses outros sentidos são os sentidos que se quer evitar, pois pertencem a outras formações discursivas. A segunda forma de existência da política do silêncio, o silêncio local, manifesta-se por meio da interdição explícita do dizer, por exemplo, pela censura.

Orlandi tematiza sobre a política do silêncio na sua dimensão constitutiva e sobre a relação dito — não-dito com as seguintes palavras:

> A relação dito — não-dito pode ser contextualizada sócio-historicamente, em particular em relação ao que chamamos o "poder-dizer". Pensando essa contextualização em relação ao silêncio fundador, podemos compreender a historicidade discursiva da construção do poder-dizer, atestado pelo discurso.
> Com efeito, a política do silêncio se define pelo fato de que ao dizer algo apagamos necessariamente outros sentidos possíveis, mas indesejáveis, em uma situação discursiva dada (op. cit., p. 75).

A forma do silêncio fundante é a base sobre a qual se constrói a dimensão da política do silêncio: é porque o silêncio existe como matéria significativa, sem a qual não há sentido, que o dizer se povoa com alguns sentidos para que outros não sejam ditos e não signifiquem. Mas o silêncio está sempre a irromper os limites do dizer de modo a fazer com que o não-dito signifique. O dizer e o silenciamento são, portanto, inseparáveis, conclui a autora.

Para se poder trabalhar com o silêncio, já que ele não é diretamente observável, é imprescindível mobilizar a noção da historicidade do texto. É somente a partir da consideração de que os processos de construção dos efeitos de sentido de um texto o colocam na sua relação histórica com outros textos e com discursos que o constituem que esses sentidos podem ser compreendidos. A construção dos sentidos de um texto é sempre histórica.

Pensar os sentidos de um texto sob qualquer outro ângulo (da semântica formal ou semântica argumentativa, por exemplo) torna impossível a compreensão dos sentidos do silêncio. É somente sob a perspectiva discursiva que o silêncio deixa de ser o vazio, o sem sentido ou o oposto ao dito, para ser concebido como matéria significante e irredutível à linguagem. A presença da linguagem não remete o silêncio ao não-sentido; ao contrário, ele continua significando como a possibilidade do múltiplo. Reflete Orlandi (op. cit., p. 49), "[a] linguagem empurra o que ela não é para o 'nada'. Mas o silêncio significa esse 'nada' se multiplicando em sentidos: quanto mais falta, mais silêncio se instala, mais possibilidade de sentidos se apresenta".

Retomando a questão da historicidade, o método que possibilita trabalhar o silêncio é "histórico", no sentido de discursivo, pois é o que permite investigar a interdiscursividade (que é dada como condição de significação de um texto) e atentar para os efeitos de sentido, os vieses da construção dos sentidos.

*Silenciamento da categoria do direito*

A esfera de silenciamento de que nos ocuparemos em nossa análise é a do silêncio constitutivo, o que nos permitirá apreender como determinadas posições de sujeito são negadas ao colonizado indiano, por meio de denominações que apagam outras possíveis, mas não desejáveis. Demonstraremos, porém, que essa negação nunca é total, pois o que se constata é que uma determinada forma de representação dos indianos e/ou da relação entre britânicos e indianos é apagada em um lugar para ser significada em outro. Esse movimento apenas reforça o modo de funcionamento do silêncio: sentidos que são silenciados resistem e aparecem para significar de outro modo.

O silenciamento da categoria do *direito* à independência é efetuado por meio de sua substituição pela categoria do desejo ou da vontade, de modo a impedir a formulação do sentido do *direito*, num processo de diluição da dimensão política do colonizado. Contudo, o reconhecimento da representação política dos indianos, que não pode ser significada pela formulação da categoria do *direito*, é efetuado, no discurso britânico, pela mediação do desejo por uma instância de representação legítima na esfera político-institucional de uma nação e por um lugar que legitima essa representação.[9] As formulações abaixo exemplificam esse modo de funcionamento do discurso político britânico:

> 16) I was saying that, in the circumstances of the war, the keen Indian nationalist saw an opportunity to expedite the process which seemed to him to be unduly slow. [...] the appeal to fight for democracy and freedom awakened a strong echo of the *desire for their own freedom amongst the ranks of the nationalists in India* [...] (Sir S. Cripps, 434 H.C. DEB. 5s., 5/3/1947, p. 495).
>
> 17) There is a passionate desire in the hearts of Indians, *expressed by the leaders of all their political parties*, for independence (Pronunciamento do secretário de Estado para a Índia, 16/5/1946, em Menon, 1968. p.485).
>
> 18) There can be no going back. Once *the people* have expressed *a strong desire* to govern their own affairs, that *desire* cannot

be suppressed, nor can the achievement of that *desire* long be postponed (Mr. Davies, 434 H.C. DEB. 5s., 5/3/1947, pp. 532-3).

19) It would be contrary to all we have said, and to the policy of this country, to prolong our stay in India for more than a decade against the *wishes of the Indians* — and there can be no doubt that it would be against their *wishes* (Sir S. Cripps, 434 H.C. DEB. 5s., 5/3/1947, p. 504).

20) It has always seemed to me a profound mistake to believe that we could accomplish a mutually advantageous relationship with India by continuing our control over that country against *the will of the people*, in however modified a form (Sir S. Cripps, 434 H.C. DEB. 5s., 5/3/1947, p. 510).

21) I honestly believe that the mass of literate and thinking people of India *expects* self-government, and the longer we wait and temporise the more likely we are to have trouble in India [...] (Sir W. Smiles, 434 H.C. DEB. 5s., 5/3/1947, p. 556).

22) [...] the declaration made by the Government that we cannot and do not intend in the slightest degree to go back upon our word, that we do not intend to damp the *hopes* of the Indian peoples but rather to raise them [...] (Mr. Davies, 434 H.C. DEB. 5s., 05/03/1947, p. 533).

Primeiramente, vejamos a construção que silencia a categoria do *direito*. Dizer que os indianos possuem o desejo, a vontade ou a esperança da independência é caracterizar a conquista da independência como algo que se aloja na esfera do emocional e privado — um processo da vontade subjetiva — e que apaga o sentido da independência como um direito. De fato, na formação discursiva à qual se filiam os governantes britânicos e os seus representantes, a independência indiana, que estava sendo preparada no período em questão, não é caracterizada como uma questão política de direito.[10] Denominá-la como expoente do desejo, vontade e esperança é silenciar o outro sentido, o do direito político.

A categoria do *direito* implica reconhecer o colonizado como um sujeito que tem identidade política, enquanto a categoria do desejo ou da vontade define-o como sujeito de vontade e, portanto, sem a identidade política que é do nível do público. O desejo fica circunscrito à esfera do particular.

Conclui-se, então, que a categoria do *direito* é impedida de significar por um processo de preenchimento do dizer por essas outras categorias. O direito torna-se o elemento excluído, o que não pode ser dito. No entanto, pelo movimento discursivo próprio do silêncio, que significa na sua irredutibilidade em relação à linguagem, o sentido silenciado continua a significar em outro lugar, de outra forma, e é aí que o sentido *resiste*. Neste caso, o surgimento do sentido em outro lugar abre uma fissura por onde o outro (o colonizado) vem significar no discurso britânico.

Observemos que o discurso que silencia a categoria do *direito* é um discurso que, de alguma forma, reconhece a legitimidade dos mecanismos de representação dos governados em uma configuração político-institucional democrática. Esse reconhecimento opera de duas maneiras: na seqüência 17 através da parentética ("expressed by the leaders of all their political parties") e nas seqüências 18, 19 e 20 através dos sintagmas "the people" e "the Indians".

Em 17, a parentética funciona discursivamente como suporte do pensamento contido na predicação pelo desejo, ou, utilizando o termo de Pêcheux (1975), como *efeito de sustentação* do desejo.[11] Isso significa que a categoria do desejo do povo é sustentada e mediada por uma instância de representação político-constitucional (os líderes dos partidos políticos) reconhecida como o espaço do poder representativo em estados democráticos. Nas seqüências seguintes, os sintagmas nominais "the people" e "the Indians" têm o peso de funcionar como o lugar de legitimação da representatividade político-constitucional, pois é o povo que escolhe os seus representantes agrupados em partidos políticos, e também como instância de formulação do consenso. Neste caso, o consenso de toda uma nação também pressupõe um espaço de legitimidade política que funciona ideologicamente. Postular que há um consenso já é efeito da ideologia. Essa questão da construção do consenso como efeito ideológico será examinada no capítulo 7.

Outro critério de legitimidade é dado pelos verbos *dicendi* "demand" e "claim" (vide formulações 24 e 25 abaixo), cujo efeito de sustentação da legitimidade da representação do poder será analisado adiante em relação ao funcionamento do silenciamento parcial da categoria de *luta*.

Concluindo, o discurso que silencia a categoria do *direito* constrói uma posição para o colonizado que é a de um ser apolítico e aistórico, definido pela subjetividade. A posição à qual esse sujeito não tem acesso, em decorrência do silenciamento operante, é a de sujeito com plenos poderes políticos, que tem direito à liberdade e à liberdade de seu país. Se o silenciamento da questão do direito fosse a única forma de representação do outro nesse discurso, diríamos que esse silenciamento traria como efeito de sentido o apagamento de uma posição possível para o colonizado — a do sujeito de direito — mas incompatível com a ideologia da relação colonialista entre dois povos. Entretanto, como o discurso reconhece um espaço de representação política, podemos dizer que o apagamento do político não é total e que há um espaço no qual o outro irrompe nesse discurso e significa.

Associando o que acabamos de descrever como funcionamento enunciativo do discurso político britânico em sua forma de significar o outro como sujeito político com um dos sentidos atribuídos ao discurso colonial pelos críticos literários e historiadores da cultura (cf. capítulo 4), sugerimos que o movimento pendular entre o reconhecimento da diferença entre colonizador e colonizado e a sua negação pode ser visto aqui sob outra forma: a de uma oscilação entre a negação do outro como sujeito político pleno (sujeito de direito) enquanto, contraditoriamente, se reconhece a sua representação política, que é um aspecto da figura do sujeito político. Através desse mecanismo que, de alguma forma, abre espaço para os governados indianos significarem no discurso dos governantes britânicos, vê-se o que Bhabha (1994b) refere como o sujeito perpassado pela alteridade do outro.

Ocorre, ainda, a denominação da independência como uma questão de *oportunidade*, exemplificada a seguir:

23) *To the leaders and people of India* who now have the *opportunity* of complete independence we would finally say this (Pronunciamento de ministros e do vice-rei, 16/5/1946, em Menon, 1968, p. 484).

Embora de modo diverso da caracterização analisada acima, esta pode também ser entendida como a negação de uma categoria através de sua substituição por outra. Neste caso, o efeito de sentido construído passa por uma conceituação da transferência de poder como uma questão circunstancial e na qual o aspecto da agentividade ou responsabilidade (quem é o agente responsável pela concessão da independência?) está difuso. Se, na mobilização da categoria de desejo ou vontade, o colonizado aparece como sujeito — aquele que possui a vontade, o desejo ou a esperança —, embora lhe seja negado o papel de sujeito político pleno, na categorização da independência como oportunidade, aquela posição se perde, pelo estabelecimento da esfera do circunstancial. Mas também nesse caso o discurso reconhece o espaço da representação política, significando-a pela invocação "to the leaders and people of India".

*Silenciamento da categoria de luta*

O silenciamento da categoria da *luta* dos indianos pela independência ocorre por meio de três construções discursivas:

1) também pela substituição, como no caso da categoria do direito;
2) por um efeito de particularização da ação de luta, num primeiro momento, e
3) num segundo momento, pela contraposição à afirmação da luta, através da predicação do processo da transferência de poder como um processo pacífico e consensual.

Por meio dessas construções, as ações dos colonizados nas lutas reivindicatórias pela independência permanecem significando, sem, no entanto, serem afirmadas. Como é próprio do modo de operação do silenciamento, os sentidos que ficam circunscritos à esfera do não-dito irrompem pelos entremeios do discurso, pelos limites do dizer e concorrem com os sentidos do dito na construção da significação.

No primeiro caso, de substituição da categoria de *luta*, na fase de planejamento para a transferência do poder à colônia, o discurso britânico ora constrói os indianos como "sujeitos de vontade", por meio de processos mentais (ou de sentido),[12] conforme analisamos acima e exemplificamos nas seqüências 16 a 22, ora os constrói como sujeitos agentes mas agentes limitados à ação verbal, por meio de verbos *dicendi*, ou, na classificação de Halliday (1994), de processos verbais.

Constata-se, em 24 e 25, a seguir, a caracterização das reivindicações dos indianos como ações verbais: "demand" (= exigir, reivindicar), ou através da nominalização de um processo verbal em "claim" (afirmação, alegação). Já as formulações 26 e 27 mostram a construção de um sentido para a ação dos colonizados indianos através da categoria de objetivo ("aim" = objetivar; "goal" = meta, objetivo), cujos expoentes verbais ou nominais podem ser classificados como sendo do domínio dos processos mentais, em oposição a processos materiais, isto é, de ações concretas.

24) [...] we have now made it abundantly and inescapably clear that we intend, by June, 1948, to withdraw our control of India, in favour of that freedom which Indians of all communities have persistently *demanded* (Sir S. Cripps, 434 H.C. DEB. 5s., 5/03/1947, pp. 510-1).

25) Our whole policy and action have been based upon the acceptance of the Indian *claim* that Indians are worthy and fit for self-government (Sir S. Cripps, 434 H.C. DEB. 5s., 5/3/1947, p. 511).

26) You will have studied the statement, most of you, and may perhaps already have formed your opinion on it. If you think that it shows a path to reach the summit at which you have been *aiming* for so long, the independence of India, I am sure you will be eager to take it. (Pronunciamento de Lord Wavell, 17/5/1946, em Menon, 1968, p. 489).

27) I have been authorised by His Majesty's Government to place before Indian political leaders proposals designed to ease the present political situation and to advance India towards her *goal* of full self-government (Discurso do vice-rei, Lord Wavell, 14/6/1945, em Menon, 1968, p. 468).

Pode-se dizer que, nesses casos, a política do silêncio opera pelo preenchimento do dizer com três categorias — da vontade, do objetivo e da reivindicação verbal — que, ao serem mobilizadas, saturam o intradiscurso num movimento de impedimento de que outra categoria (a da ação concreta, material, ou seja, da *luta*) signifique.

Entretanto, assim como no item anterior, de silenciamento da categoria do *direito*, aqui também o discurso opera com um critério de legitimidade, dado pelos verbos *dicendi*. São verbos que sustentam a legitimidade da representação do poder no sentido de que as vozes do povo são ouvidas e reproduzidas pelos seus representantes na esfera pública e oficial do poder. Novamente, percebe-se um espaço por onde o outro irrompe no discurso britânico e significa.

A interpretação sobre a irrupção do não-dito (isto é, a categoria de *luta*) sobre o dito adquire mais consistência se se atentar para o fato de que, em um momento anterior, o discurso britânico sobre a preparação da independência para a colônia constrói afirmativamente o sentido de que os indianos lutaram pela independência. Trata-se, portanto, de um sentido já construído, já presente no interdiscurso num dado momento histórico. É o que mostram as seqüências 28, 29 e 30.

> 28) [...] *the Congress Party* has progressively become *a dictatorship,* aiming at *the expulsion by revolutionary, though professedly non-violent methods, of the existing British Raj* and its supersession by a Congress Raj (Secretário de Estado para a Índia, Mr. Amery, 388 H.C. DEB. 5s., 30/3/1943, pp. 69-70).

> 29) Happily there was better and sterner stuff in India than *the Congress leaders* reckoned upon. Not only India, but the whole Allied cause, owes a deep debt of gratitude to the Indian Members of the Viceroy's Executive, whose swift and resolute decision to arrest *the organisers of mischief* caused *the rebellion* to go off at half cock. It owes no less [...] also to *the vast majority of the Indian public, Hindu as well as Moslem,* who stood aloof or even gave their active support to the authorities. With the actual character and course of *the Congress rebellion* I dealt [...] (Secretário de Estado para a Índia, Mr. Amery, 388 H.C. DEB. 5s., 30/3/1943, p. 74).

30) Enough for me to say that *Mr. Gandhi's* peculiar appeal to the Hindu veneration for the ascetic has helped to make him *the unquestioned dictator,* [...] of by far the largest, best financed and most rigidly-drilled party organisation in India (idem 28 e 29 acima, p. 70).

Mais uma vez, vê-se que o dizer não esgota a construção de sentidos. Ao contrário, diz-se algo para não deixar dizer outra coisa, dentro do modo de operação da política do silêncio. Assim, por um processo de silenciamento parcial, o discurso britânico afirma e reconhece a luta pela independência, mas particulariza-a. Contudo, essa não deixa de ser também uma forma de irrupção do outro no discurso e, conseqüentemente, de *resistência* dos sentidos.

Os exemplos são extraídos dos debates sobre as medidas consideradas necessárias, por parte do governo britânico, para pôr fim ao movimento de reivindicação da independência lançado em 1942 (o chamado "Quit India movement"). Através dessas formulações, é possível verificar o movimento de construção de sentidos no discurso em questão. A ação dos indianos não é silenciada, mas é circunscrita à esfera do particular por meio da oposição entre muitos (que não desejariam a retirada dos ingleses) e *poucos* (que a desejariam).

Assim, fala-se na ditadura do Partido do Congresso, nos líderes do mesmo partido como únicos responsáveis pela tentativa de expulsão dos ingleses, e, até mesmo, numa única figura — Mr. Gandhi — como responsável. Opõe-se a essa ação de poucos a vontade contrária de muitos (isto é, em 29, a grande maioria dos indianos).[13]

Já num segundo momento, especificamente nos dois últimos anos de colonização britânica na Índia, a categoria de *luta* desaparece da superfície discursiva do discurso britânico, sendo substituída ora pelas categorias acima descritas (isto é, da vontade, do objetivo ou da reivindicação verbal) ora pela atribuição de paz e consenso como predicações do processo de transferência de poder.

Como se pode ver em 31 e 32, esta última construção, que ocorre no momento de passagem do poder à Índia, apaga a categoria de *luta* pela formulação do seu contrário: paz e consenso. E então, significativamente, "expulsion of the British Raj", "mischief" e "rebellion" são substituídos por "transfer" e "change".

31) Freedom loving people everywhere will wish to share in your celebrations, for with this *transfer of power by consent* comes the fulfilment of a great democratic ideal to which the British and Indian peoples alike are firmly dedicated. It is inspiring to think that all this has been achieved by means of *peaceful change* (Mensagem do monarca britânico aos indianos, 15/8/1947, em *The transfer of power*, vol. XII, p. 776).

32) At this historic moment, let us not forget all that India owes to Mahatma Gandhi — *The architect of her freedom through non-violence* (Discurso de Lord Mountbatten à Assembléia Constituinte da Índia, 15/8/1947, em *The transfer of power*, vol. XII, p. 780).

É significativo o contraste entre a caracterização das ações de luta no momento anterior (por exemplo, em 28, "a expulsão do império britânico", "métodos revolucionários"; ou em 29, "a rebelião dos líderes do Partido do Congresso") e a predicação em 31: "mudança pacífica", "transferência de poder por consentimento". Ou a predicação da figura de Gandhi antes como "ditador", em 30, e agora como "arquiteto da liberdade através da não-violência", em 32.

Assim, elogiam-se a paz e o consenso num processo de silenciamento do seu contrário, ou seja, a luta, os conflitos, o dissenso; sobrepõe-se um dito a um outro dito. Mas é precisamente pelo movimento de contraposição e apagamento que o anteriormente dito continua significando. Os sentidos antes formulados instalam-se como a possibilidade sempre presente da multiplicidade que constitui o silêncio.

Para concluir, se o silenciamento da categoria do *direito*, ainda que existindo em relação contraditória com o reconhecimento da representação política, impede que o colonizado ocupe a posição de sujeito político pleno, o apagamento parcial da categoria de *luta* representa uma diluição da dimensão histórica dos indianos. Há um reconhecimento parcial e seletivo da história que, embora não se configure como negação e ausência totais de uma história para a colônia, percebidas no discurso colonial dos séculos anteriores (vide capítulo 4), pode ser interpretado como outra forma, mais perpassada por contradições, de diluição da dimensão histórica do outro.

Veremos, a seguir, através da análise de um modo de dizer a relação entre os britânicos e os indianos e, também, de dizer a concessão da independência de forma marcada pelo apagamento da agentividade, como os efeitos de sentido produzidos inserem-se na mesma rede de significação de diluição do histórico e do político presentes no enunciado sobre a transferência de poder e no processo de silenciamento e como, mais uma vez, o modo de presença do interdiscurso caracteriza-se pela coexistência de sentidos opostos para designar uma relação de colonização.

*Nomeação e efeitos de apagamento no discurso*

Há duas formulações que se mostram centrais para o efeito diluidor do processo histórico da colonização com suas implicações de subjugação do colonizado pelo colonizador.
Esse efeito é dado:

1) por meio de uma forma de se designar a relação entre os britânicos e os indianos, expressa em torno da frase nominal "association"; e

2) através de um modo de designação da questão da concessão da independência à Índia marcado por verbos como "attain" (=atingir) ou "achieve" (= alcançar) "independence", que apagam precisamente a noção de que havia um poder colonial a quem cabia conceder a independência e ao qual a colônia estava subordinada, repetindo o mecanismo de diluição do político e histórico presente no funcionamento discursivo dos enunciados analisados acima.

## Designação da relação entre britânicos e indianos

A frase nominal que tem como núcleo o item lexical "association" é usada repetidamente, no período em questão, para designar o tipo de relação existente entre os britânicos e os indianos. Dentre as muitas ocorrências, foram destacados alguns exemplos, reproduzidos em 33 a 37.

33) His Majesty's Government cannot conclude this Statement without expressing on behalf of the people of this country their goodwill and good wishes towards the people of India as they go forward to this final stage in their achievement of self-government. It will be the wish of everyone in these islands that notwithstanding constitutional changes, *the association* of the British and Indian peoples should not be brought to an end (Pronunciamento do primeiro-ministro Mr. Attlee, no Parlamento, 20/2/1947, em Menon, 1968, p. 520).

34) It is not necessary, I think, for me to recapitulate in detail the various stages in our long history of *association with* the Indian people, throughout which we have travelled constantly — though with varying speed — towards the final and inevitable stage of Indian self-government (Sir Stafford Cripps, 434 H.C. DEB. 5s., 5/3/1947, p. 494).

35) The Indians will, I believe, recognise that they're put forward solely in the interests of the Indian people. They may be assured that whatever course may be chosen by India, Great Britain and the British people will strive to maintain the closest and friendliest relations with the Indian people, with whom there has been so long and fruitful an *association*. (Primeiro-Ministro, Mr. Attlee, 3/6/1947, em *The transfer of power*, vol. XI, p. 108).

36) So we see today this desire for self-expression and self-government not only among the people of European origin, but among those of India and Africa. It is a process of evolution for which we, in the main, are responsible, and for which we are entitled to the credit. Such has been our policy in India. Our *association* with India during two centuries has been, on the whole —with mistakes, as we will admit — an honourable one (Mr. Davies, 434 H.C. DEB. 5s., 5/3/1947, pp. 530-1).

37) We hope that the new independent India may choose to be a member of the British Commonwealth. We hope in any event that you will remain in close and friendly *association* with our people. But these are matters for your own free choice (Pronunciamento de ministros e do vice-rei, 16/5/1946, em Menon, 1968, p. 484).

Trabalhando no nível do léxico, pode-se destacar, em primeiro lugar, que o substantivo "association" funciona de modo a produzir um efeito de sentido de ligação, de união entre os elementos associados. Dois elementos associados têm uma relação que os une de forma que ambos sejam beneficiados. Em segundo lugar, a "associação" entre britânicos e indianos é com freqüência qualificada de modo explicitamente positivo, como pode-se notar nas ocorrências 35 (pelo uso dos adjetivos "long" e "fruitful"), 36 (em que se usa o adjetivo "honourable") e 37 (pelos adjetivos "close" e "friendly"). Em 37, a qualificação positiva, que se refere ao futuro, isto é, à Índia independente, é reforçada pelo emprego do verbo "remain" (permanecer), que estende a adjetivação para o tempo presente do discurso. A oração "that you will remain in close and friendly association" pressupõe que "you *are* in close and friendly association".

Cabe também notar que "association" tem o efeito de pré-construído em 33, 34, 36 e 37. O uso do artigo definido em 33, do possessivo "our" em 34 e 36 e do verbo "remain" em 37 conferem ao substantivo "association" o caráter de pré-construído por estabelecerem a anterioridade do referente desse termo. É possível dizer, portanto, que existe um enunciado que funciona no domínio do interdiscurso e que pode ser parafraseado por: "o povo inglês e o povo indiano estão associados". Ao efeito de pré-construído soma-se a qualificação de "association" em 34, 35 e 36 como *longa* ("our long history of", "long and fruitful", "during two centuries"), fato que permite que se faça um acréscimo ao enunciado do interdiscurso: existe uma união entre os dois povos em questão e essa ligação vem de longa data.

Ora, o enunciado de que existe uma associação entre os britânicos e seus colonizados indianos desde o início da colonização traz para o acontecimento enunciativo, na forma de interdiscurso, um discurso que podemos denominar discurso da igualdade. Uma associação implica uma relação de igualdade. A designação da relação entre britânicos e indianos como sendo de *associação* silencia outras designações formuláveis no discurso colonial, tais como *dominação* e *subordinação*.[14] O efeito de sentido resultante é a diluição da dimensão histórica da própria relação colonial.

Ocorre aquilo que, em estudo sobre as formações ideológicas na cultura brasileira, Bosi (1995) denomina "neutralização ideológica do traço impertinente". Neste caso, o traço impertinente, que é a desigualdade das relações coloniais, é neutralizado ideologicamente pela construção de um discurso de igualdade.

Entretanto, pode-se perceber, irrompendo do interdiscurso, um enunciado oposto àquele da associação entre britânicos e indianos. Em todas as formulações nas quais o termo "association" é empregado há também alguma frase que traz para o acontecimento enunciativo a memória da colonização e, conseqüentemente, sentidos da dominação de um poder colonial sobre um povo subjugado.

Em 33 "association" é precedida por "as they (=the people of India) go forward to this final stage in their achievement of self-government"; em 34 o mesmo sintagma é sucedido por "we have travelled constantly [...] towards the final and inevitable stage of Indian self-government". Ambas são frases que fazem referência à relação de colonização precisamente pelo fato de mencionar a perspectiva de obtenção da independência e, conseqüentemente, de um governo autônomo ("self-government") pela colônia.

Em 35 encontra-se "whatever course may be chosen by India", em referência à possibilidade de escolha que estava sendo dada à Índia entre permanecer dentro da congregação dos países do "Commonwealth" ou desligar-se totalmente, após a independência. Em 36 a frase "Such has been our policy in India" faz menção à política da Inglaterra em relação à colônia no decorrer da história de ocupação colonialista. São também referências explícitas à relação colonial.

Finalmente, em 37 lê-se a frase nominal "the new independent India", que, ao aludir ao futuro (Índia independente), por oposição mobiliza seu oposto (Índia colônia) como o sentido do presente. Esses sentidos todos não são formuláveis em um discurso de igualdade, mas sim no discurso colonialista.

Conclui-se que, da mesma forma que nos enunciados analisados anteriormente, neste também o interdiscurso se apresenta pela mobilização de sentidos opostos. A frase nominal "association" produz o efeito de sentido de diluição do processo histórico da relação entre britânicos e indianos, com conseqüente apagamento da memória e da história da colonização, enquanto outras frases trazem de volta essa memória através da formulação de sentidos próprios do discurso colonialista (de subordinação de um povo a outro) e não formuláveis em um discurso de igualdade.

*Designação do processo de concessão da independência*

O efeito diluidor da relação colonial decorrente do emprego do item lexical "association" encontra paralelo no modo de marcar a concessão da independência à Índia. Esse modo de dizer expresso pelos verbos "attain", "achieve" e outros semelhantes, ou por nominalizações derivadas desses verbos, é uma constante no espaço discursivo analisado. Algumas dessas ocorrências estão reproduzidas em 38 a 42.

38) His Majesty's Government cannot conclude this Statement without expressing on behalf of the people of this country their goodwill and good wishes towards the people of India as they go forward to this final stage in their *achievement of self-government*. (Pronunciamento do primeiro-ministro, Mr. Attlee, no Parlamento, 20/2/1947, em Menon, 1968, p. 520).

39) My colleagues are going to India with the intention of using their utmost endeavours to help her *to attain her freedom* as speedily and fully as possible (Primeiro-ministro, Mr. Attlee, 15/3/1946, citado no pronunciamento de ministros e do vice-rei, 16/5/1946, em Menon, 1968, p. 475).

40) It is quite clear that with the attainment of *independence* by British India, whether inside or outside the British Commonwealth [...] (Pronunciamento de ministros e do vice-rei, 16/5/1946, em Menon, 1968, p. 479).

41) The statement made by the viceroy [...] contemplates the steps which His Majesty's Government propose should be

taken to promote the early *realisation of full self-government* in India (Mr. Herbert Morrison, 416 H.C. DEB. 5s., 4/12/ 1945, pp. 2.102-3).

42) The British people have, by precept and example, done much to inspire the Indians to go forward *to achieve their own self-governing democracy* (Sir Stafford Cripps, 434 H.C. DEB. 5s., 5/3/1947, p. 494).

Os verbos "attain", "achieve" e "realise" (cujo substantivo derivado, "realisation", aparece em 41, com o significado de realização, processo de tornar algo real) e seus substantivos derivados ocorrem em relação de sinonímia e têm a seguinte estrutura sintático-semântica: ator-ação-objetivo (este último item designa o participante que resulta do processo ou é afetado por ele; esse participante pode ser animado ou não).[15] Uma definição pertinente para esses verbos nas ocorrências em nosso *corpus* é a de conseguir algo como resultado de uma ação; e um traço semântico comum a eles é a implicação de mudança de estado como resultado da ação do ator. Não há, na estrutura semântica desses verbos, nenhum traço que pressuponha outro tipo de participante também responsável pela ação que não seja o ator.

Transportando essa análise para as frases relacionadas em 38 a 42, nota-se que os sintagmas nominais "Índia" ou "indianos" ocupam a categoria de ator (às vezes implícito no nível textual, como em 41), enquanto a categoria de objetivo é preenchida pelos sintagmas nominais "independence", "freedom", "self-government" ou "self-governing democracy", que também incidem numa relação de sinonímia. São, portanto, os indianos que aparecem como agentes (sujeitos semânticos) de sua independência, liberdade e governo autônomo. O poder britânico aparece apenas como coadjuvante desse agente através de frases como "goodwill and good wishes" 38, "to help her" 39, "to promote" 41 e "to inspire" 42. A estrutura empregada para se falar do processo de independência da Índia não permite que o poder colonial seja colocado no papel de agente. No entanto, uma vez que a independência da Índia estava sendo preparada como concessão do governo britânico, é exatamente esse o papel que lhe cabia. Ao colonizado caberia o papel de único agente se a independência fosse fruto exclusivo de sua ação, em uma situação tal que a independência fosse obtida por meio de um choque belicoso entre os dois pólos.

Observamos, pois, que o funcionamento discursivo desse enunciado provoca um efeito de apagamento, da superfície do texto, das marcas da colonização e, conseqüentemente, da memória da colonização pela desistoricização do processo. Podemos dizer que neste caso também há a incidência de enunciados de um discurso de soberania, ao se atribuir ao colonizado o papel de agente exclusivo de sua independência.

Contudo, da mesma maneira que nos outros enunciados analisados, neste também figura uma coexistência de sentidos opostos, formuláveis em formações discursivas distintas. Ao falar em "governo autônomo", "liberdade" e "independência", mobiliza-se, na enunciação, um enunciado do interdiscurso que poderia ser expresso da seguinte forma: "a Inglaterra *pode* (isto é, tem o poder de) conceder a independência à Índia". Portanto, a designação de que o poder colonial pode conceder a independência continua significando. Esse sentido, formulado no discurso colonialista, contrapõe-se aos sentidos do que chamamos discurso de soberania; entretanto, ambos significam no enunciado que acabamos de analisar.

A formulação 41 apresenta uma construção um pouco diferente das demais no seguinte aspecto: usa-se um substantivo ("realisation") derivado do verbo "realise" por um processo de nominalização. É verdade que há outros casos de nominalizações, como em 38 e 40. No entanto, o que difere 41 dos demais é o fato de o processo de nominalização ter, nesse caso, ocultado o agente do processo verbal. Na verdade, tal apagamento é bastante freqüente nas ocorrências de derivação de um substantivo abstrato a partir de um verbo.

Segundo Fairclough (1992, p. 179), a nominalização tem o efeito não só de encobrir o próprio processo, uma vez que tanto o tempo quanto o modo verbal deixam de ser indicados, como também de não especificar os participantes do processo. Os efeitos de sentido construídos pelo uso desse tipo de estrutura no discurso podem ser vários, podendo-se citar, por exemplo, o efeito de objetividade, de abstração ou de construção de uma perspectiva universalizante para o processo em questão. Podemos lembrar também a formulação de Ducrot (1984) sobre o mesmo tema. Diz Ducrot que o característico da nominalização é fazer aparecer um enunciador, ao qual o locutor não está assimilado, mas que é assimilado a uma voz coletiva (a um *SE*). A associação a uma voz coletiva explicaria os efeitos de sentido apontados por Fairclough.

No pronunciamento de Mr. Morrison no Parlamento britânico, do qual 41 foi extraído, há mais duas ocorrências de nominalizações semelhantes em referência à mesma questão de promoção da independência da Índia, nominalizações essas que também ocorrem sem indicação do agente. Elas estão transcritas nas frases 43 e 44, a seguir.

43) The *realisation* of full self-government can only come by the orderly and peaceful transfer of control of the machinery of State to purely Indian authority (Mr. Herbert Morrison, 416 H.C. DEB. 5s., 4/12/1945, p. 2.104).

44) His Majesty's Government are giving every encouragement to proceed with them so that improving social conditions may go forward simultaneously with the *institution* of self-government (idem 43).

O efeito de sentido que se cria com a ausência de explicitação do agente dos processos de "realizar" e "instituir" um governo independente é o de um duplo ocultamento: pelas formas lingüísticas que expressam um determinado modo de significar a concessão da independência (isto é, verbos como "attain" e "achieve"), oculta-se o verdadeiro agente com poder para determinar a concessão da independência; e pelo mecanismo de tornar vazia a categoria semântica de ator do processo verbal nominalizado, oculta-se a relação de interdependência entre o processo e seu ator. Dessa maneira, desistoriciza-se o processo de instituição de um governo autônomo.

O que procuramos mostrar, especificamente nesta seção, foi o modo de funcionamento do discurso político britânico sobre a Índia como um discurso que, ao mesmo tempo em que produz mecanismos de apagamento do processo histórico da colonização, contraditoriamente ativa, pelos mesmos enunciados, a memória da colonização.

A construção semântica em torno da frase nominal "association" e o modo de dizer a concessão da independência que oculta a ação do colonizador e a dimensão histórica da colonização constroem uma representação das relações coloniais permeadas muito mais por igualdade de posições e harmonia do que por desigualdade e conflitos, no registro imaginário. No entanto, outros sentidos intervêm do interdiscurso e o resultado é a coexistência de sentidos opostos.

*Efeitos de um processo de predicação*

Embora não freqüentes, há ocorrências em que o modo de dizer a independência da Índia se apresenta de forma diferente do que foi demonstrado na seção anterior e que revelam um funcionamento discursivo distinto. Os trechos 45 e 46 mostram esse segundo modo de dizer, que será comentado em seguida.

45) There is *a passionate desire in the hearts of Indians*, expressed by *the leaders of all their political parties*, for independence. *His Majesty's Government and the British people as a whole are fully ready to accord this independence* whether within or without the British Commonwealth and hope that out of it will spring a lasting and friendly association between our two peoples on a footing of complete equality (Pronunciamento do secretário de Estado para a Índia, 16/5/1946, em Menon, 1968, p. 485).

46) Now that it has been finally and absolutely decided *that India is to have the complete independence she desires*, whether within or without the British Commonwealth *as she chooses*, we are anxious that she shall have it as soon as possible (Pronunciamento de Sir Stafford Cripps, 16/5/1946, em Menon, 1968, p. 492).

Notam-se, nessas formulações, duas ocorrências importantes: em primeiro lugar, o modo de referir a independência difere do anterior pelo fato de explicitar a idéia de *concessão* do poder colonizador para a nação colonizada. Isso é evidenciado pela frase verbal "to accord this independence" em 45 e pela oração substantiva "that India is to have the complete independence", em 46.

Em 45, o sujeito sintático e agente semântico do verbo "accord" (= dar, conceder) são o governo e o povo britânicos e aparecem explícitos na frase. Por essa configuração frasal, evidencia-se a relação entre um subordinante que tem o poder de conceder ou não algo ao subordinado, de forma que o efeito diluidor do confronto e da desigualdade causado pelo modo de dizer anterior não se repete neste caso.

A formulação 46 é menos clara quanto a esse ponto, uma vez que oculta o agente pelo uso da passiva ("it has been finally and absolutely decided") e pelo emprego de um verbo ("to *have* the complete independence") que não remete à relação <X> dá algo a

<Y>, explicitada pelo verbo "accord". Mas as construções passivas apresentam a obrigatoriedade de se preencher mentalmente o lugar vago do agente, embora, com freqüência, seja um lugar não-preenchido na superfície do texto.

Em segundo lugar, as duas ocorrências mostram uma correlação significativa: entre a frase que relata a concessão da independência e o item lexical "desire", usado como substantivo em 45 ("a passionate desire") e como verbo em 46 ("she desires"). Estabelece-se uma relação causal entre os dois termos, na qual a concessão parece vir expressa como conseqüência do desejo de independência, o que pode ser esquematizado na seguinte fórmula:

$$<X> \text{ (causa)} \Rightarrow <Y> \text{ (conseqüência)}$$
$$\text{Desejo de independência} \qquad \text{Concessão da independência}$$

Por esse mecanismo, esse segundo modo de dizer a concessão da independência, não-diluidor da oposição inerente à situação de colonização, é atenuado pela relação causal explicitada.

Contudo, conforme já demonstramos na análise sobre o silenciamento da categoria do *direito,* a predicação do *desejo* atribuída aos indianos exclui, desse discurso, a possibilidade de outro enunciado que poderia ocupar o espaço de <X>, qual seja, o *direito* da nação colonizada à independência. A opção pelo segundo enunciado estabeleceria outro sentido para a fórmula de causa e conseqüência, obviamente muito mais próximo da equação formulada pelos colonizados, mas contrária à ideologia da empresa colonial e contraditória em relação a ela. Com a construção da predicação de desejo, porém, o discurso britânico evita a contradição e justifica colocar em evidência seu papel de dominante. Embora surja como agente explícito (cf. 45, "His Majesty's Government [...] are fully ready to accord this independence") com condição de decidir a concessão ou negação da independência, marcando, portanto, a relação de desigualdade de poder entre o colonizador e o colonizado, esse efeito é dissimulado pela predicação do *desejo*.

E, repetindo nossa conclusão anterior, na substituição do *direito* pelo *desejo* produz-se o efeito de diluição parcial do político pela ausência de constituição de um sujeito político pleno. O desejo pode ficar circunscrito à esfera do subjetivo e privado, enquanto o direito remete à esfera do objetivo e público, porque há formas políticas e sociais de regulamentá-lo. O que confere à diluição um caráter parcial é o reconhecimento de um outro espaço político e público que é o da representação político-constitucional que opera através do sintagma "the leaders of all their political parties", em 45, e da frase "as she chooses", em 46.

Em outras palavras, no registro imaginário, a figura do dominador é representada não na forma negativa de longa negação de um *direito* do dominado, mas sim de modo positivo pela demonstração de sensibilidade e humanitarismo ao ceder a um desejo que é legitimamente expresso pela via da representação política. A figura é a da justeza e da sensibilidade, ao invés da imagem do opressor.

O funcionamento discursivo desse tipo de formulação é, pois, de construção do sentido de concessão da independência como atitude generosa do colonizador e de conseqüente exclusão da possibilidade de legitimação do direito à independência como atributo do colonizado.

*Exemplo e evolução: efeitos da metáfora conceptual*

Para concluir a análise, gostaríamos de mencionar exemplos de formulações que se mostram integralmente sob os efeitos do discurso colonialista funcionando como sua memória discursiva. Essa é mais uma evidência da presença forte do discurso colonialista no discurso sob investigação. São formulações que falam da construção de uma nação livre e democrática. Observemos, a seguir, 47, 48 e 49.

47) Our declared objects were twofold — first [...]; and, second, to teach them the ways of good administration and *gradually train them to undertake responsibility* so that one day we could hand over to them the full burden of their own self-government. [...] So we see today this desire for self-expression and self-government not only among the people of European origin, but among those of India and Africa. It is *a process of evolution* for which we, in the main, are responsible, and for which we are entitled to the credit. Such has been our policy in India (Mr. Davies, 434 H.C. DEB. 5s., 5/3/1947, pp. 530-1).

48) The *British people have, by precept and example, done much to inspire the Indians* to go forward to achieve their own self-governing democracy (Sir Stafford Cripps, 434 H.C. DEB. 5s, 5/3/1947, p. 494).

49) I can only say this, that what we are doing is in accord with the views that have been expressed all through by really great statesmen in our country and nothing can redound more *to the highest traditions of liberty which prevail in my country* than if, *as a result of our labours*, we have in the years to come a sovereign country here in India whose relationship with ours is one of friendliness and equality in the days to come (Secretário de Estado para a Índia, em conferência à imprensa, 17/5/1946, em Menon, 1968, p. 517).

Nota-se que os britânicos se posicionam ora como modelo de nação democrática, como em 48 ("O povo britânico, por preceito e exemplo, fez muito para inspirar os indianos"), ora como agente transmissor do modelo de liberdade e democracia aos indianos, como em 47 ("gradualmente treiná-los a assumir responsabilidades" e "um processo de evolução pelo qual nós sobretudo somos responsáveis [...] Essa tem sido nossa política na Índia.") e 49 ("as mais altas tradições de liberdade [...] como resultado de nossos esforços").

Percebe-se que o que está operando discursivamente nessas imagens são efeitos de sentido da metáfora conceptual "Culturas existem em uma escala" (cf. capítulo 5). As formulações evocam a memória da colonização, adquirindo sentido ao se filiarem ao discurso colonialista, no qual é possível dizer que a Europa, pela sua superioridade, pôde ensinar a outros povos o significado da liberdade e transmitir-lhe progresso e civilização. Essas formulações apenas trazem para o presente esses mesmos sentidos: o colonizador, possuindo "tradições" que o fazem superior e podendo dar "exemplo", tem o dever de levar os atributos da civilização a povos "atrasados", atributos aqui caracterizados como liberdade e democracia, e prepará-los para chegar ao estágio de poder se autogovernar. Para tanto, são necessários "esforços" (*labours*), termo que evoca, como efeito de sentido, os deveres e obrigações da missão civilizatória da colonização. E as mudanças detectadas nos povos colonizados são efeito de "um processo de *evolução*" em 47, formulação que remete claramente à metáfora da escala, que, por sua vez, produz sentidos tanto no discurso colonialista quanto no discurso evolucionista.

Para concluir este capítulo, falta-nos analisar como a coexistência de sentidos opostos, que é o modo de presença do interdiscurso no espaço discursivo analisado, é sobredeterminada.[16] Cada uma das diversas maneiras de referir o processo de independência da Índia representa uma forma de expressar a coexistência de contrários, ou seja, são os fatores determinantes, "os elementos inconscientes múltiplos", aos quais a formação remete. Além disso, embora cada qual tenha uma articulação específica de sentidos, elas todas se entrecruzam em "pontos nodais" por meio de associações, conforme resumiremos a seguir.

O enunciado "transfer of power", tomado como paradigma de um modo de nomear o processo de independência, associa-se ao enunciado "attain/reach/realise independence" pelo fato de ambos produzirem como efeito de sentido uma forma consensual e desprovida de atritos (de diluição do pólo dominador) para designar o processo de independência, ao mesmo tempo em que, contraditoriamente, presentificam esse mesmo pólo dominador (o que, por sua vez, o associa ao funcionamento dos efeitos da metáfora conceptual).

Por outro lado, o segundo enunciado citado (isto é, "attain independence") liga-se também à designação burocratizante da transferência como "functions" ou "machine" porque ambos funcionam discursivamente pelo efeito de diluição da dimensão política do colonizado.

O efeito de diluição da dimensão política é produzido igualmente por outros mecanismos: pelo silenciamento da categoria do *direito* e pelo processo de predicação pelo *desejo*, o qual, concomitantemente, provoca o efeito de dissimulação do poder dominador na relação entre britânicos e indianos, efeito também provocado, como já sinalizamos, pelo funcionamento dos dois primeiros enunciados citados acima.

Ao efeito de diluição do político acrescenta-se o apagamento (ainda que parcial) da dimensão histórica dos indianos, produzido pelo silenciamento da categoria de *luta*, pelo enunciado "transfer of power" e também pela designação da relação entre britânicos e indianos como sendo de "association". Entretanto, o funcionamento deste último enunciado também revela que ele se cruza com outros ao produzir, contraditoriamente, sentidos formuláveis em um discurso de soberania ou igualdade.

Cremos poder concluir que o gesto de instaurar sentidos de um discurso de soberania e igualdade, que é atravessado por sentidos contrários sedimentados pela memória da colonização, é sobredeterminado no sentido de ser representado em diversos mecanismos, ou seja, determinado por vários elementos, os quais, por sua vez, têm seu funcionamento marcado por uma rede de associações e entrecruzamentos de significações. Todos esses mecanismos remetem a uma configuração discursiva que determina os funcionamentos discursivos e, conforme veremos no próximo capítulo, também as posições de enunciação. As associações e entrecruzamentos produzem seu efeito de fazer com que cada enunciado participe da constituição de todos os outros, o que, como conseqüência, enfatiza as contradições.

*Considerações finais em torno da coexistência de opostos*

Uma formação discursiva na qual se insere um discurso de soberania e igualdade é, tomando emprestadas as palavras de Pêcheux a respeito da análise de Courtine sobre o discurso comunista dirigido aos cristãos, "constitutivamente perseguida pelo seu outro", o que causa "um efeito de sobredeterminação pelo qual a alteridade vem afetar o mesmo" (Pêcheux, 1981, p. 7). É isso que concluímos a respeito do movimento dos sentidos no espaço discursivo analisado, no qual formações discursivas opostas são mobilizadas e constituem o sentido dos enunciados. É pela coexistência de sentidos contraditórios que esse discurso significa. Trata-se de um discurso constituído por uma *tensão* que não se dilui. Mas, de maneira um pouco diferente do funcionamento do discurso analisado por Courtine, o efeito de sobredeterminação se dá, mais que na sintaxe, sobretudo no funcionamento do léxico. O discurso político britânico sobre a Índia revela suas relações contraditórias com diferentes formações discursivas no plano lexical. O léxico empregado traz em si a contradição, pela articulação do real da língua com o real da história, "na relação necessária [...] com o equívoco" (Orlandi, 1996, p. 12). O discurso colonial, com a imbricação em outros discursos que o constituem (discursos evolucionista, missionário, racionalista-humanista), *permanece* no discurso político britânico sobre e para a Índia, o que é comprovado pelos efeitos de sentido que se produzem neste último.

Confirmando um postulado básico da análise do discurso, reconhece-se o discurso como imbricação de dois reais: o real da língua e o real da história. O real da língua, em sua autonomia relativa, traz para o discurso sentidos determinados pelo funcionamento da língua (nos planos lexical, sintático e semântico); o real da história, por sua vez, mobiliza sentidos contraditórios próprios das ideologias que se confrontam no interdiscurso.

Observa-se que o silenciamento é um modo de articulação de sentidos que está presente em todos os outros modos, pois é o silenciamento que provoca os efeitos de apagamento que ajudam a estabelecer a coexistência de sentidos opostos. O efeito ilusório de apagamento de sentidos inscritos historicamente na memória discursiva da relação colonial entre Inglaterra e Índia é conseqüência do funcionamento do silêncio e de suas formas de significar nesse espaço discursivo.

# NOTAS

1 Louis Althusser, citado por E. Terray (1969, p. 138).

2 Essa denominação é de tal forma presente nos documentos do período que foi emprestado do discurso dos administradores e políticos britânicos sobre a Índia para o discurso de nomeação do processo de concessão da independência à Índia referido como acontecimento histórico. Por exemplo, o sintagma "the transfer of power" intitula uma publicação, em doze grandes volumes, que reúne uma coleção de documentos da administração britânica na Índia no período que vai de 1942, início da época de reivindicações incisivas dos nacionalistas indianos, a 1947, com a independência. Também análises de diversos teóricos da área de estudos literários do discurso pós-colonial (cf. Suleri, 1992) referem o mesmo sintagma como um enunciado prototípico para designar a realização da independência.

3 É significativo encontrar interpretação semelhante no historiador Peter Fay (apud Dirks, 1992). Fay interpreta a formulação "the transfer of power" como uma forma conveniente de ocultar a luta nacionalista pela independência na Índia, ao evocar o que seria uma forma consensual e despida de atritos.

4 Em toda a nossa análise neste capítulo, estaremos utilizando o conceito de *agente* no sentido semântico de indivíduo produtor e responsável por suas ações e o termo *agentividade* como a condição de ser agente.

5 O termo sinonímia deve ser entendido aqui no sentido próprio da análise do discurso (cf. Pêcheux, 1975). Há uma relação de sinonímia quando existe a possibilidade de substituição de elementos dentro de um determinado contexto discursivo, o que significa que esses elementos só têm o mesmo sentido no processo discursivo em questão.

6 A tradução para o português ficaria assim: "a transferência de/ transferir/ ceder poder, responsabilidade, autoridade, funções, ônus, máquina (do governo), independência, deveres, direitos, obrigação/obrigações".

7 O destinatário é definido na gramática de casos como dativo, designando o caso de um ser animado afetado pelo estado ou ação identificado pelo verbo (cf. Fill-

more, 1968). Esta definição não é semelhante àquela da semântica da enunciação de Ducrot, que vê o destinatário como ser do discurso, no pólo complementar à figura do enunciador.

8 O conceito de "rede de formulações" foi pensado por Courtine (1981) para designar o vínculo que uma formulação do intradiscurso mantém com formulações pertencentes a outros discursos dentro de uma mesma formação discursiva, constituindo, assim, uma rede interdiscursiva de formulações. Para o autor, é a análise de redes de formulações que permite ao analista perceber a presença do interdiscurso em um discurso determinado.

9 Agradeço novamente a Mónica Zoppi-Fontana por me fazer atentar para essa mediação.

10 A formulação da independência indiana como *direito* não tem lugar no discurso que representa oficialmente o governo britânico, seja ele dirigido aos indianos (discursos oficiais dos representantes governamentais na Índia) seja de circulação interna na Inglaterra (debates no Parlamento). Ele é o elemento recalcado, que não pode ser dito nessa língua que se apresenta como uma "língua de Estado", cujo funcionamento é a tentativa de eliminação das contradições e mascaramento das relações de classe (cf. Gadet e Pêcheux, 1981, p.96). Contudo, como comprovação de que determinadas condições de produção permitiam a formulação do sentido de *direito*, encontramos ocorrências desse tipo no discurso de alguns parlamentares, durante os debates na Câmara dos Comuns sobre a concessão da independência à Índia (de 1945 a 1947). Nesses debates, havia duas posições: aquela dos parlamentares que reivindicavam a concessão da independência sem demora e a posição conservadora dos que argumentavam que a transferência de poder precisaria ser preparada sem precipitação e deveria depender da evolução da situação de conflito entre hindus e muçulmanos na colônia. Nos pronunciamentos de alguns (poucos) parlamentares, encontramos a formulação da independência como um *direito* dos indianos, ao lado também de termos como "exploração" e "imperialismo", na caracterização da relação entre a Inglaterra e a Índia. Ilustraremos apenas com um exemplo: "[...] in the end they [the Opposition] will have to come down to a definite act of hostility to our decision, as a Government, to recognise *India's right to freedom and independence* or to its support". (Mr. Sorensen, 434 H.C. DEB., 5s., 5/3/1947, p. 565).

Entretanto, sentidos como "direito" e "exploração" (*versus* "associação", como veremos adiante neste capítulo) não são formuláveis no discurso oficial dos governantes (isto é, do primeiro-ministro e seus representantes), mesmo tendo-se em conta que se tratava de um governo formado pelo Partido trabalhista, o qual, já antes de assumir o poder nas eleições de 1945, se declarava a favor da concessão da independência à Índia, contra os conservadores. Há, portanto, uma posição enunciativa que não permite a formulação de certos sentidos.

11 O processo de sustentação e o pré-construído são as duas formas pelas quais os elementos do interdiscurso intervêm no intradiscurso e o determinam. Enquanto

o pré-construído funciona sob a modalidade da anterioridade e da pré-existência, o processo de sustentação "constitui uma espécie de *retorno do saber no pensamento*" (Pêcheux, 1975, p. 111). Ele é o mecanismo próprio da relativa explicativa (a nossa parentética), pois esta constitui, por si, um pensamento completo que, quando evocado na frase, surge como algo que se sabe a partir de outro lugar e que dá suporte à outra proposição.

12 Halliday (1994) propõe a classificação dos verbos em seis tipos de processos, dentre os quais estão os processos mentais, que envolvem verbos de cognição, de percepção e de sentimentos. Os verbos "wish", "desire", "will", "hope" e "expect" recaem nesse último grupo. É um tipo de processo que não envolve agentes (ou atores, na denominação hallidaiana); os participantes ativos do processo (como os indianos, nos exemplos dados) experimentam um fenômeno, mas não agem sobre ele. Um outro tipo são os processos materiais, ou processos do fazer, envolvendo agentes ("actors") que agem sobre um objetivo ("goal"). Já um terceiro grupo, os verbos da esfera do dizer (verbos *dicendi*) implicam ação, mas trata-se de ação tão-somente verbal. Em seguida, analisaremos a relevância dos verbos *dicendi* em nosso *corpus*.

13 Esse efeito de sentido de que haveria uma vontade única, ou ao menos da maioria, entre o povo colonizado poderia ser tomado como um exemplo para a afirmação de Spurr (1993) de que o poder colonial procura dominar mais por inclusão e domesticação, isto é, pela construção de uma retórica de apagamento da diferença entre colonizador e colonizado, que por um confronto que seria obrigado a estabelecer uma identidade própria para o outro. Segundo o autor, essa motivação é o que leva o discurso colonial a representar os povos colonizados como simpatizantes da "missão" colonialista de união dos povos. Acrescentaríamos que esse é um processo ideológico: a fabricação do consenso.

14 É possível traçar um interessante paralelo entre essa forma de designação da relação entre britânicos e indianos e aquelas apontadas por Barthes (1970) — os substantivos *cooperação* e *amizade* — como dois dos "grandes conceitos" utilizados pelos colonizadores franceses em referência a sua relação com as colônias africanas. Barthes não nos fornece os elementos necessários para uma análise enunciativo-discursiva desses conceitos, mas suspeitamos que haveria semelhança entre seu funcionamento discursivo e a designação de "associação" em nosso *corpus*.

15 Adotamos a denominação proposta por Halliday (1994), cuja teoria da transitividade segue, de certo modo, a orientação da gramática de casos de Charles Fillmore.

16 Estamos analisando a sobredeterminação discursiva no nosso *corpus* de modo apenas parcialmente semelhante a Indursky (1997). A autora atrela a sobredeterminação discursiva a três níveis necessariamente — o intradiscursivo, o interseqüencial e o interdiscursivo —, que devem estar correlacionados por um processo de saturação do nome. Acreditamos que, ao tomar a sobredeterminação no seu sentido mais dilatado, pode-se prescindir de um número determinado de níveis, bastando que haja a existência de múltiplos fatores determinantes.

## Capítulo 7

## POSIÇÕES DE ENUNCIAÇÃO E CONSTRUÇÃO DO "EU" DISCURSIVO

> Enunciar certos significantes implica significar (nos dois sentidos da palavra) o lugar de onde os enunciamos; é também significar sobretudo o lugar de onde não enunciamos, de onde, em hipótese alguma, se deve enunciar.
>
> D. MAINGUENEAU, *Novas tendências em análise do discurso*

Neste capítulo examinaremos as diversas formas de se marcar uma posição de enunciação[1] no discurso político britânico sob investigação e seus efeitos de sentido. Pretendemos demonstrar que:

1) os três mecanismos explicitados a seguir — a construção do lugar da performatividade, o campo de referência do pronome "we" e o termo coletivo na posição de sujeito da enunciação — relacionam-se contraditoriamente, pois remetem a lugares que funcionam discursivamente de modo oposto: o primeiro ao lugar do império, que funciona como uma instância de poder que não precisa de legitimação; o segundo e o terceiro ao lugar do político-institucional, que extrai das formas de representação política sua legitimidade;

2) como conseqüência do lugar a que remetem, o segundo e o terceiro mecanismos produzem, como efeito de sentido, a

ilusão de homogeneidade de pensamento e vontade entre os britânicos, opacificando, desse modo, diferenças de opinião; 3) também nas formas de se marcar uma posição de enunciação se fazem sentir os efeitos da presença do interdiscurso.

## A construção do lugar da performatividade[2]

Nesta análise vamos mobilizar, como aspectos fundamentais da enunciação, uma determinada posição do sujeito da enunciação e o lugar onde se constrói a performatividade. São fundamentais porque delineiam um percurso dos sentidos.

É com freqüência[3] que encontramos, nesse discurso, seqüências nas quais a posição do sujeito da enunciação é a do governo britânico. Vejamos alguns exemplos:

50) It is on the basis fully accepted by *His Majesty's Government* and by the people of Great Britain, that the fullest opportunity shall be given for the attainment of self-government by the Indian people [...] The fullest opportunity for the attainment of self-government by the people of India has been guaranteed by *His Majesty's Government* (Resolution of the Government of India, 7/8/1942, em Gandhi, *Collected Works*, p. 464).

51) I say now if a date had to be fixed why should it not have been a date, after which, if no central authority had been brought into being by agreement, *the Government* would conclude that that possibility [...] would have to be dismissed, so that they could then proceed, with all energy, to arrange a transfer of functions as speedily as possible to the most convenient separate authorities in India that could be found at that time. [...] *If the Government* could proceed with the second stage unhampered by anything, *they* might be able, [...] to hand over in circumstances which would ensure the

effective discharge of their obligations. [...] Why not confine the expedient of the fixed date to the single purpose of deciding whether or not it is going to be possible to find by agreement a central authority to whom to make over the powers of the State. [...] what, inevitably, must form the second stage of the process which *the Government themselves* have in contemplation, namely, the carrying out with all energy and speed of the transfer of the functions of Government to the new authority, [...] (Sir J. Anderson, 434 H.C. DEB. 5s., 5/ 3/1947, pp. 526-8).

Está claro que a posição do sujeito da enunciação se constrói a partir do governo britânico, o qual "aceita", "garante", "prossegue" e "tem em mente". Mas a performatividade não se estabelece no momento da enunciação, e sim anteriormente. Senão, vejamos: na primeira formulação, a realização de um governo independente na Índia já foi *aceita* (linha 1) e *garantida* (linha 5) pelo "governo de Sua Majestade". Na segunda formulação, o governo *concluiria* (linha 3) e *procederia à transferência de funções* (linhas 4 e 5), conforme o desenrolar da situação na Índia, transferência já *contemplada* (linha 13) pelo próprio governo. É esta última ação que empresta um caráter de anterioridade à performatividade: a transferência do poder aos indianos já é contemplada pelo governo britânico, o que lhe permitirá concluir por tal medida e proceder à sua implantação. Assim, a enunciação aparece como sendo possibilitada por uma performatividade que a antecede.

52) It is barely six months ago that Mr. Attlee invited me to accept the appointment of last Viceroy. He made it clear that this would be no easy task — since *His Majesty's Government* in the United Kingdom had decided to transfer power to Indian hands by June 1948 (Discurso de Lord Mountbatten à Assembléia Constituinte da Índia, 15/8/1947, em *The transfer of power*, vol. XII, p. 776).

53) The statement made by the viceroy [...] contemplates the steps which *His Majesty's government* propose should be taken to promote the early realisation of full self-government in India (Mr. Herbert Morrison, 416 H.C. DEB. 5s., 4/12/1945, pp. 2.102-3).

54) It is not the intention of *His Majesty's Government* to introduce any change contrary to the wishes of the major Indian communities. But they are willing to make possible some step forward [...] To this end *they* would be prepared to see an important change in the composition of the Viceroy's Executive (Pronunciamento do secretário de Estado para a Índia, Mr. Amery, no Parlamento, 14/6/1945, em Menon, 1968, p. 471).

Nas três formulações acima, observa-se a mesma configuração analisada nos exemplos anteriores: a posição de enunciação também é ocupada pelo governo britânico, que é apresentado pelo sujeito do discurso como a instância decisória (o governo "havia decidido", o governo "propõe", "tem a intenção de" e "está disposto a"), e, ainda, especificamente nas formulações 52 e 53, a construção da performatividade antecede o momento da enunciação. Em 52, o governo de Sua Majestade já havia decidido transferir o poder aos indianos (linhas 3 e 4); em 53, a proposta do governo de promover a colônia à condição de nação independente (linha 2) antecede a afirmação do vice-rei e lhe dá aval.

Resumindo a análise até este ponto, observa-se que existem formulações nas quais a figura do governo britânico ocupa a posição de sujeito da enunciação e que, em muitas delas, a performatividade antecede o acontecimento enunciativo. Esta segunda característica cria um efeito de sentido de preexistência (ou seja, o que é dito já foi formulado antes em outro lugar) e também de que o que é dito só pode sê-lo precisamente porque há o aval prévio da autoridade de cuja perspectiva se enuncia. É o lugar do império significando: nesse lugar a autoridade governamental está desde sempre e por si só legitimada, daí o modo de funcionamento que produz os efeitos de preexistência e anterioridade da performatividade. Esses dois mecanismos serão associados, a seguir, à análise de outras posições de enunciação, o que nos levará a conclusões sobre os seus efeitos de sentido no discurso em questão.

## *O campo de referência do pronome "we"*

Nesta seção pretendemos demonstrar os efeitos de sentido criados pelas diferentes configurações no emprego do pronome de primeira pessoa do plural, "we" (e dos termos de referência a ele correlatos, ou seja, o possessivo "our", o pronome pessoal do caso oblíquo "us" e o reflexivo "ourselves"), no discurso que estamos analisando. A abrangência referencial do pronome, com seu efeito de indeterminação, mostra um funcionamento enunciativo oposto ao que rege a ocupação do lugar da performatividade pela figura do governo britânico.

Benveniste (1966) nos faz recordar que a primeira pessoa do plural, "nós", não é uma multiplicação de vários "eu" que falam, partindo-se da definição da pessoa "eu" como aquele que fala, e sim uma junção entre o "eu" e o "não-eu". Esse "não-eu" pode ser de dois tipos: o "tu"/ "vós" ou o "ele"/ "eles". Nos casos em que o "nós" é a soma de "eu" mais "tu" ou "vós" tem-se a forma inclusiva; os casos em que a junção se dá entre "eu" e "ele, eles" caracterizam o "nós" exclusivo. Conclui o autor que a pessoa verbal no plural "exprime uma pessoa amplificada e difusa. O 'nós' anexa ao 'eu' uma globalidade indistinta de outras pessoas" (idem, op. cit., p. 258). Nessa reflexão, já é possível perceber que a indeterminação de pessoa é uma característica do funcionamento do pronome "nós" no discurso.

A noção do "não-eu" que se apresenta como uma globalidade indistinta é fundamental para se compreender os efeitos de indeterminação no uso do "nós" e será relevante em nossa análise. Entretanto, há outras complexidades do uso do pronome de primeira pessoa plural que a análise de Benveniste não abarca, sobretudo porque lhe falta a perspectiva histórica da enunciação (cf. capítulo 2). Pelo mesmo motivo, a divisão que propõe Benveniste revela uma proximidade muito grande com a gramática. Diz Benveniste: "em 'nós' é sempre 'eu' que predomina, uma vez que só há 'nós' a partir de 'eu' e esse 'eu' sujeita o elemento 'não-eu' pela sua qualidade transcendente. A presença do 'eu' é constitutiva de 'nós'" (op. cit., p. 256).

Wilson (1990) procura mostrar uma complexidade que vai além da gramática e da análise formal de Benveniste, através da análise pragmática do uso dos pronomes pessoais no discurso político. O autor inicia sua argumentação enfatizando que o *uso* dos pronomes em contexto nem sempre obedece à categorização gramatical; em outras palavras, a referência ao locutor, alocutário e demais pessoas do discurso nem sempre é realizada pelas formas pronominais gramaticalmente correspondentes, ou seja, "eu", "tu" e demais. Wilson exemplifica lembrando que o pronome de primeira pessoa do singular pode ser usado, em inglês, para referência à pessoa do ouvinte ("tu") e não do falante. O mesmo procedimento "não-ortodoxo" pode ser empregado pelos usuários da língua em relação aos outros pronomes pessoais.

O argumento que subjaz à análise de Wilson é, segundo seus próprios termos, que as escolhas pronominais em contexto podem ser feitas com a intenção de se manipular o sentido do que se diz, e que, portanto, marcam relações sociais, atitudes e posições ideológicas.

Face à visão da análise do discurso e de sujeito adotada neste trabalho, a crítica que se pode fazer a Wilson é que sua posição enfatiza demasiadamente a *intenção* do falante, de onde se pode inferir que sua concepção pressupõe um sujeito plenamente consciente e manipulador dos sentidos de seu discurso. Na verdade, sua posição está em perfeito acordo com a perspectiva adotada para sua análise, que é a pragmática. De todo modo, o autor apresenta descobertas interessantes sobre a relação entre o uso dos pronomes pessoais e os efeitos de sentido e suas conseqüências no discurso político, além do fato de que a pesquisa de Wilson corrobora a complexidade de uso do sistema pronominal em inglês.

Outra distinção de Wilson em relação à categorização de Benveniste é a divisão da distribuição do pronome de primeira pessoa do plural entre "nós" inclusivo e "nós" exclusivo. Para Benveniste, a primeira categoria abrange o "eu" mais o "tu", ao passo que a segunda faz referência ao "eu" mais "ele ou eles". Já na classificação adotada por Wilson o "nós" inclusivo abarca o locutor ("eu" e outro[s]), enquanto o "nós" exclusivo refere-se apenas a outro[s], com a exclusão do próprio locutor. Wilson explicita que essa categorização se contrapõe à classificação gramatical, segundo a qual "nós" sempre designa o locutor e um ou mais outros. O autor advoga que uma característica do discurso político é a de marcar claramente a distribuição do "nós" inclusivo e exclusivo: o "nós" inclusivo, pelas suas possibilidades integrativas e positivas, é usado como forma de angariar a adesão do ouvinte e fazê-lo acreditar na sapiência das ações tomadas; em contrapartida, o uso do "nós" exclusivo serve para que o locutor se precavenha de possíveis críticas e acusações, deixando entrever que algumas ações não são, ou não foram, de sua responsabilidade.[4] Wilson conclui, também, que essa distribuição pode se revelar ambígua no discurso político, justamente com a *intenção*, termo usado pelo autor, de se criar um efeito de maior ou menor envolvimento do locutor em relação ao seu enunciado. Segundo o autor, a ambigüidade é um traço característico do discurso político, por se tratar de um tipo de discurso que busca criar, ou reforçar, a semelhança, a comunhão e a afinidade de objetivos com seu interlocutor e/ou destinatário.

Encontramos, no *corpus* em análise, um uso do "nós" exclusivo, no sentido atribuído por Wilson; além disso, verificamos que o "nós" inclusivo pode se desdobrar em diversos usos, com referentes distintos e, com isso, criar efeitos de sentido não detectáveis na superfície do discurso que revelam um sujeito afetado pelas formações imaginárias que o determinam. Essa complexidade faz com que a análise pautada pelas "intenções" do locutor, proposta por Wilson, pareça demasiadamente redutora. O efeito de indistinção decorrente da indeterminação ou ambigüidade do referente revelou-se bem mais complexo do que o autor faz sugerir.

Girin (1988), atuando dentro do quadro teórico-metodológico da sociolingüística, analisa os usos do pronome "nós" em testemunhos orais em que busca detectar como um agente social gerencia sua palavra e estabelece redes de relações sociais. O autor segue a proposta de Benveniste de divisão entre o "nós" inclusivo e exclusivo e postula que esses dois usos do "nós", que, para Girin, sempre incluem o locutor, se prestam a dois tipos de operações:

1) de restrição ou partição, através da qual se especifica uma coletividade delimitada pelo "nós"; e
2) de extensão ou absorção, que amplia a extensão do "nós" para um grupo maior que pode incluir até um "eles" anteriormente separado.

As operações parecem pertinentes, mas uma análise discursiva pode facilmente mostrar que elas são não o resultado real de estratégias do sujeito enunciador, e sim um efeito de sentido (isto é, restrição ou extensão ilusórias) produzido pelo fato de o sujeito do discurso ocupar uma determinada posição de enunciação.

Uma perspectiva distinta das citadas, e que aponta para a causa de um certo grau de indeterminação do uso do pronome "nós", é a de Guespin (1985).⁵ Segundo esse autor, "nós" designa "conjuntos não nomeáveis", que, justamente por terem essa característica indefinida, ajudam a marcar o caráter indeterminado da referência. Nas palavras de Indursky (1996), a respeito desse autor, o emprego do "nós" permite ao sujeito do discurso a associação com referentes variados e não especificados lingüisticamente.

Em nosso *corpus*, o emprego do pronome "we" tem diversos referentes, que, por vezes, se alternam no interior de uma mesma seqüência discursiva.⁶

Para a melhor orientação do leitor, a seguir encontra-se o quadro dos usos de "we" e seus referentes discursivos.

| USO | Descrição do referente |
|---|---|
| WE1 | governo — Poder Executivo |
| WE2 | governo — Poderes Executivo e Legislativo |
| WE3 | a coletividade dos britânicos |
| WE4 | a coletividade dos indianos* |
| WE5 | voz coletiva, como um *SE* |

\* É este o uso do "nós" que exclui o locutor.

Denominaremos *WE1* o uso do pronome que tem como referente o governo britânico na sua delimitação como poder executivo, conforme exemplificado nas seqüências seguintes:

> 55) Let me remind you that this is not merely the Mission's statement, that is the statement of the four signatories, but is the statement of His Majesty's Government in the United Kingdom. Now the statement does not purport to set out a

new constitution for India. It is of no use asking *us*, "How do you propose to do this or that?" The answer will be, *we* don't propose to do anything as regards decision upon a constitution; that is not for *us* to decide (Sir Stafford Cripps em conferência de imprensa na Índia, 16/5/1946, em Menon, 1968, p. 492). (Nesse evento, Sir Stafford Cripps pronunciou-se como chefe da delegação do governo britânico que foi à Índia para tratativas sobre a confecção de uma constituição para a Índia. Portanto, sua posição é a de representante do governo executivo.)

56) It has been *our* hope that this unity might continue when India attained the full self-government, which has been, for long years the goal of British policy in India.
The Cabinet Mission's plan, which *we* still believe offers the best basis for solving the Indian problem, was designed to this end. But, as Indian leaders have finally failed to agree on a plan for a united India, partition becomes the inevitable alternative, and *we* will, for *our* part, give to the Indians all help and advice in carrying out this most difficult operation (Pronunciamento do primeiro-ministro britânico, Mr. Attlee, aos indianos, 3/6/1947, em *The transfer of power*, vol. XI, p. 108).

Outro uso de "we", *WE2*, também refere-se ao governo britânico, mas acrescido de seu poder legislativo, exemplificado em 57 e 58. A distinção entre este segundo uso (isto é, Poder Executivo + Poder Legislativo) e o primeiro (somente Poder Executivo) está nas condições de produção do discurso. Os textos nos quais se encontram as formulações abaixo são trechos dos debates parlamentares na Câmara dos Comuns e os produtores desses textos são membros do corpo legislativo (membros do Parlamento, com função equivalente à de deputados) do governo britânico.

57) On more than one occasion I have ventured to point out to the House that *we* are making a tremendous experiment

in the methods of peaceful progress in attempting to hand over power in a Continent of 400 million people, without any use of violence. In the course of that great civilising experiment *we* have had constantly to take risks. [...] *We* must not let the fear of difficulties prevent us from doing what *we* believe to be right; and *we* must not fail *ourselves* or India through lack of decision at a critical moment (Sir Stafford Cripps, 434 H.C. DEB. 5s., 5/3/1947, p. 506).

58) I should like to say, however, that I do agree that, sooner or later, *we* must fulfil *our* time-honoured pledge and *our* time-honoured function (...) and then grant to India, as *we* have granted to others whom *we* have trained in the difficult and complex art of Government, control of her own affairs. (Sir T. Moore, 434 H.C. DEB. 5s., 5/3/1947, p. 562).

Observe-se que, nos dois casos acima, o sujeito do discurso apresenta-se como porta-voz do governo, seja do governo enquanto poder executivo, em *WE1*, seja como a soma dos poderes executivo e legislativo, em *WE2*.

Um terceiro emprego do pronome, *WE3*, tem como referente toda a coletividade dos britânicos, incluídos os membros do governo, como nas formulações 59 e 60:

59) We have witnessed great changes in each one of the five Continents, and for many of those changes this country and its people have been directly or indirectly responsible. Not only have *we* cherished liberty for *ourselves* but *we* have been the teachers of the value of liberty and the champions of those who have sought it, and this country can take pride in the fact that it has shown others the true way, and declared emphatically that it believes that no man has a right to govern another without that other's conscious consent. It has been *our* endeavour to make the realisation of this doctrine possible throughout the world. In all the lands where the British flag flies, *we* have taught

the peoples the rule of law and the value of justice impartially administered. *We* have extended knowledge, and tried to inculcate understanding and toleration (Mr. Clement Davies, 434 H.C. DEB. 5s., 5/3/1947, p. 530).

60) As for faith, surely what *we* in this little Island, what *we* of this loosely bound yet amazingly coherent Commonwealth, [...] what *we* have already shown to the world in the darkest hours of the present struggle — surely that should give *us* faith in *ourselves* and in the ideals and the possibilities of that Commonwealth in facing the tasks before us (Mr. Amery, 388 H.C. DEB. 5s., 30/3/1943, p. 80).

Nesse caso, o enunciador representa-se como a nação britânica, criando um efeito de sentido de identificação entre as ações e pensamentos do governo — já que o ser empírico que é o falante é um membro do parlamento e na posição de membro do parlamento enuncia seu discurso — e as de todo o povo britânico. Assim, o gesto do sujeito do discurso de trazer para o interior da enunciação uma coletividade produz os efeitos de que seu dizer é partilhado por essa coletividade, de que ele a representa e, também, de que não há nenhuma voz que não se identifique com o que é dito. A criação ilusória de consenso é uma construção ideológica bastante freqüente no discurso político em geral.

Há ainda um quarto uso do pronome, *WE4*, exemplificado em 61 e 62, que constitui um uso do "nós" exclusivo, no sentido de que exclui o locutor. Ele é utilizado para referir o povo indiano, embora ilusoriamente traga o outro para junto de si, parecendo se referir à coletividade dos britânicos e indianos. Trata-se de um emprego menos freqüente, porque limita-se à condição de produção de um discurso que tem os indianos como alocutários e destinatários, mas significativo porque revela que o sujeito da enunciação constrói ilusoriamente um consenso para poder se legitimar perante o outro.

61) Some of you [= indianos] may wonder how soon this means that *the British* will sever their governmental connection with *India* — I hope that in any event *we* shall remain the closest friends when Indian freedom comes (Pronunciamento de Sir Stafford Cripps, em conferência de imprensa na Índia, 16/ 5/1946, em Menon, 1968, p. 493).

62) The ideal of public service which inspired these men and women, the spirit of co-operation and compromise which inspired your leaders, these are political and civic virtues that make a nation great, and preserve it in greatness. I pray that you may practise them always. [...] During the centuries that *British* and *Indians* have known one another, the British mode of life, customs, speech and thought have been profoundly influenced by those of India — more profoundly than has often been realised. May I remind you [= indianos] that, at the time when the East India Company received its charter, nearly four centuries ago, your great Emperor Akbar was on the throne, whose reign was marked by perhaps as great a degree of political and religious tolerance, as has been known before or since. It was an example by which, I honestly believe, generations of our public men and administrators have been influenced. Akbar's tradition has not always been consistently followed, by *British or Indians*, but I pray, for the world's sake, that *we* will hold fast, in the years to come, to the principles that this great ruler taught us (Pronunciamento do vice-rei da Índia, Lord Mountbatten, aos indianos, 14/8/1947, em *The transfer of power*, vol. XII, p. 783).

Cabe perguntar, em relação às duas seqüências, por que marcar a partição entre britânicos e indianos no discurso? Se essa não seria uma forma de construir ilusoriamente uma unidade que não existe de fato? Além disso, a seqüência 61 é precedida pela de número 46, acima, na qual a Índia é referida como a instância a quem caberão as decisões sobre seu estatuto político após a independência ("India is to have the complete independence she desires,

*whether within or without the British Commonwealth as she chooses").*
O período cronológico ("when Indian freedom comes") aproxima as duas formulações, sugerindo um efeito de sentido de que as decisões, tanto sobre permanecer como membro do "Commonwealth" quanto sobre manter laços de amizade com a Grã-Bretanha, cabem aos indianos.

Em 62, além da partição entre "British" e "Indians", as condições de produção do discurso mostram que se trata de um discurso que tem como destinatários os indianos e no qual o sujeito se representa imaginariamente na condição de conselheiro desses destinatários (por exemplo, por meio da exortação "I pray that you may practise them"). A formulação final na qual o pronome "nós" é empregado não seria também uma forma de aconselhamento no momento em que os indianos vão assumir seu governo autônomo?

São essas as evidências a sugerir que há, nesse uso do "nós", uma operação de exclusão do locutor com a ilusória construção de um consenso e unidade através da qual o sujeito do discurso se legitima perante o outro. O uso do "nós" que exclui o locutor parece ser bastante típico do discurso político em geral, embora com diferentes funções. Por exemplo, a função pode ser de trazer o outro ilusoriamente para junto de si para, na verdade, exortá-lo ou comandá-lo à ação, conforme sugerido em Indursky (1996) e Zoppi-Fontana (1997); ou pode ser uma forma de distanciamento através da qual o sujeito do discurso produz o efeito de não-comprometimento com a locução (cf. Wilson, 1990); ou esta que encontramos.

Lançando mão da diferenciação que faz Indursky (1996, 1997) entre uso partitivo e uso coletivo do "nós", classificaremos os casos de *WE1* e *WE2* como sendo de uso partitivo, porque através deles o sujeito do discurso associa-se a um segmento da esfera pública institucional (Poder Executivo e Poder Executivo + Poder Legislativo, respectivamente). Já *WE3* é de uso coletivo, pois o sujeito do discurso associa-se a toda a coletividade dos britânicos, ao passo que não se pode definir o *WE4* como coletivo, porque exclui o locutor. Trata-se, pois, de outro caso de uso partitivo, em que se representa uma partição entre Índia e Grã-Bretanha (ou indianos e britânicos) e se designa somente o primeiro grupo através do pronome. Percebe-se que, diferentemente do que sugere Girin (1988), as operações de extensão e partição efetuadas pelo pronome podem ter contornos aparentes, mas não reais.

Há, finalmente, o emprego do pronome "we" para designar um enunciador que se assemelha ao enunciador caracterizado por Ducrot (1984) como aquele que é assimilado a uma voz coletiva, a um SE. Por definição, esse uso indetermina o referente. Embora o uso de *WE5* seja muito pouco freqüente, ele é significativo pois, assim como o uso de *WE3*, também contribui para o efeito de sentido de associação a uma voz coletiva. Vejamos novamente a formulação 49:

> 49) I can only say this, that what we are doing is in accord with the views that have been expressed all through by really great statesmen in our country and nothing can redound more to the highest traditions of liberty which prevail in my country than if, as a result of our labours, *we* have in the years to come a sovereign country here in India whose relationship with ours is one of friendliness and equality in the days to come (Secretário de Estado para a Índia, em conferência à imprensa, 17/5/1946, em Menon, 1968, p. 517).

Note-se que apenas a ocorrência de "we" assinalada (linha 5) constitui um caso do uso de *WE5*. A alternância entre enunciadores diversos em uma mesma seqüência discursiva, como neste caso, em que há a coexistência de dois usos de "we" (*WE2*, nas linhas 1 e 3; *WE5*, na linha 5), contribui para o efeito de indeterminação e ambigüidade causado pelo referencial discursivo difuso e polissêmico construído pelos diversos usos de "we".

A propósito, observamos que a coexistência de mais de um uso referencial de "we" numa mesma seqüência discursiva, e mesmo a alternância entre usos diferentes, é bastante freqüente no discurso em análise. Vejamos o seu funcionamento nos seguintes recortes.

Na seqüência 63 há constante alternância entre dois enunciadores, que são *WE1* (governo britânico enquanto poder executivo) e *WE3* (toda a coletividade dos britânicos). Para não me alongar desnecessariamente, apenas assinalarei, em 63, cada enunciador.

63) It is not necessary, I think, for me to recapitulate in detail the various stages in *our* (*WE3*) long history of association with the Indian people, throughout which *we* (*WE3*) have travelled constantly [...] towards the final and inevitable stage of Indian self-government. It was in these circumstances [...] that His Majesty's Government had to consider what action they should take to try to smooth out the difficulties of the transfer of power in India and that was a very difficult decision to take. It seemed essential that *we* (*WE1*) should not lose the initiative and that *we* (*WE1*) should not hesitate [...] it is certain that the people of this country — short as *we* (*WE3*) are of manpower, as *we* (*WE3*) all know — would not have consented to the prolonged stationing of large bodies of British troops in India,[...] *We* (*WE1*) should, therefore, have had to rule India through the Governor-General [...] (Sir Stafford Cripps, 434 H.C. DEB. 5s., 5/3/1947, pp. 494, 503, 505).

A indistinção resultante da alternância entre dois enunciadores não nomeados — um, coletivo; o outro, público e institucional, mas partitivo — produz o efeito de sentido de extensão do lugar de enunciação, que é do governo britânico, a toda a coletividade dos britânicos. Estabelece-se um efeito de "aderência discursiva", utilizando-nos do termo de Burger (1994), pelo qual o sujeito do discurso se associa à perspectiva enunciativa que favorece a atividade do locutor.

O mesmo efeito de indistinção do enunciador serve também para distanciar o locutor do grupo no qual se inclui de modo a poder se representar com uma voz mais abrangente. Vejamos como isso ocorre em 64:

> 64) While His Majesty's government are at all times most anxious to do their utmost to assist the Indians in the working out of a new constitutional settlement, it would be a contradiction in terms to speak of the imposition by this country of self-governing institutions upon an unwilling India. Such a thing is not possible, nor could *we* accept the responsibility for enforcing such institutions at the very time when *we* were, by its purpose, withdrawing from all control of British-Indian affairs. The main constitutional position remains therefore as it was. The offer of march 1942 stands in its entirety without change or qualification. His Majesty's government still hope that the political leaders in India may be able to come to an agreement [...] (Pronunciamento do secretário de Estado para a Índia, Mr. Amery, no Parlamento, 14/6/1945, em Menon, 1968, p. 471).

Podemos notar, nesta seqüência, que o enunciador se representa no discurso como distinto do governo de Sua Majestade, embora seja membro do mesmo governo, ao se referir àquela instância na terceira pessoa do plural. Ao mesmo tempo, inclui-se em um grupo mais amplo, o da coletividade referida por "we", cujo antecedente na linha 4 ("this country") abre a possibilidade de incluí-lo no uso denominado *WE3* (= toda a coletividade dos britânicos). Com isso, produz-se um efeito de sentido semelhante àquele assinalado no recorte 63.

Cabe notar também que o pronome "we" em 64 designa o agente de medidas que adquirem conotação positiva na conjuntura à qual o texto se refere. Essas medidas são a recusa do governo britânico a impor uma Constituição para uma Índia prestes a se tornar independente e a promessa de passar o controle daquele país aos próprios indianos. Através da mobilização de um uso coletivo de "we", o enunciador se representa como participante em atos louváveis.

Em 65, a alternância entre "the government", na terceira pessoa, e "we", funcionando como, pode-se dizer, sinônimo de "government", produz efeito semelhante a 64.

> 65) The Secretary of State said [...] that that had been rejected because it would induce doubt in the minds of the people in India as to whether we were in earnest when *we* said *we* were going. I quite agree [...] when *we* contemplate going away at an early date [...] I say now if a date had to be fixed why should it not have been a date, after which, if no central authority had been brought into being by agreement, *the government* would conclude that that possibility [...] would have to be dismissed, so that they could then proceed, with all energy, to arrange a transfer of functions as speedily as possible [...] If *the government* could proceed with the second stage unhampered by anything, they might be able, [...] to hand over in circumstances which would ensure the effective discharge of their obligations (Sir J. Anderson, 434 H.C. DEB. 5s., 5/3/1947, pp. 522/526-7).

Vê-se que o sujeito do discurso passa do uso do pronome "we", por meio do qual o enunciador se representa como parte de um coletivo, para "the government", sendo que ambos regem o mesmo predicado. Esse predicado aparece nas formas "going" e "going away", nas linhas 4 e 5, e como "a transfer of functions" (linha 10) e "hand over" (linha 13), mas eles podem ser tomados como sinônimos para designar o processo de independência da Índia. Assim, colocam-se em cena dois enunciadores: "the government", como poder executivo, e "we", enunciador que abrange um conjunto maior de pessoas, pois, embora a referência não seja precisa, conclui-se que "we" pode se referir a todo o governo, incluindo o poder legislativo (*WE2*), do qual o sujeito falante é parte, ou, talvez, a todos os britânicos (*WE3*). Mais uma vez cria-se, com isso, um efeito de sentido de indeterminação e ambigüidade pelo uso difuso de "we" e pela indistinção entre "we" e "the government".

Nesta seção, vimos que o funcionamento discursivo de "we" e as diversas formas de se marcar a posição do sujeito da enunciação por meio do uso desse pronome opacificam as diferenças entre os referentes do pronome e os confundem, produzindo indeterminação e ambigüidade. Porém, a conclusão mais importante é verificar que convivem, no discurso em questão, duas posições de enunciação contraditórias: a posição ocupada pelo governo britânico, mas cuja performatividade a precede e uma posição, construída pelo uso coletivo do "nós", *WE3*, e pelo uso que exclui o locutor, *WE4*, em que se constrói ilusoriamente um consenso. A primeira remete ao lugar do império sempre-já legitimado, enquanto a segunda coloca o sujeito no lugar do poder político que se legitima pela representatividade e reconhecimento do outro que, para efetuar tal reconhecimento, precisa construir ilusoriamente uma associação entre o eu e o outro, trazendo-o para junto de si (*WE4*), além de ter de produzir a ilusão de consenso num processo de identificação com uma coletividade una, isto é, sem vozes dissonantes (*WE3*).

*Termo coletivo na posição de sujeito da enunciação*

Outro traço característico do espaço discursivo analisado que contribui para o efeito de indeterminação e de opacidade das diferenças entre enunciadores distintos é o processo de se nomear o povo britânico para fazê-lo ocupar a posição de enunciador. As seqüências 66 a 69 e, ainda, 45, reproduzida novamente, ilustram esse ponto.

66) I can assure them that there is behind this proposal a most genuine desire on the part of all responsible leaders in the United Kingdom and of *the British people as a whole* to help India towards her goal (Discurso de Lord Wavell, vice-rei da Índia, 14/6/1945, em Menon, 1968, p. 470).

67) To the leaders and people of India who now have the opportunity of complete independence we would finally say this. We and our Government and *countrymen* hoped that it would be possible for the Indian people themselves to agree upon the method of framing the new constitution under which they will live (Pronunciamento de ministros e do vice-rei, 16/5/1946, em Menon, 1968, p. 484).

68) His Majesty's government cannot conclude this Statement without expressing on behalf of *the people of this country* their goodwill and good wishes towards the people of India as they go forward to this final stage in their achievement of self-government. It will be the wish of *everyone in these islands* that notwithstanding constitutional changes, the association of the British and Indian peoples should not be brought to an end; and *they* will wish to continue to do all that is in their power to further the well-being of India (Pronunciamento do primeiro-ministro, Mr. Attlee, no Parlamento, 20/2/1947, em Menon, 1968, p. 520).

69) They may be assured that whatever course may be chosen by India, Great Britain and *the British people* will strive to maintain the closest and friendliest relations with the Indian people, with whom there has been so long and fruitful an association (Primeiro-Ministro, Mr. Attlee, 3/6/1947, em *The transfer of power,* vol. XI, p. 108).

45) There is a passionate desire in the hearts of Indians, expressed by the leaders of all their political parties, for independence. His Majesty's government and the *British people as a whole* are fully ready to accord this independence whether within or without the British Commonwealth and hope that out of it will spring a lasting and friendly association between our two peoples on a footing of complete equality (Pronunciamento do secretário de Estado para a Índia, 16/5/1946, em Menon, 1968, p. 485).

Nas formulações apresentadas, nota-se que há sempre duas ou mais instâncias que são colocadas na posição de enunciador, expressas numa ordem que vai do menos para o mais abrangente. O sintagma "the British people" e seus sinônimos é sempre o mais abrangente, no sentido de designar um sujeito coletivo (toda a coletividade dos britânicos). Ele tem sentido semelhante ao caso 3 de referência de "we" (*WE3*). Assim, o processo de designação para incluir o povo britânico em uma "comunidade imaginada"[7] associa-o ao ponto de vista de um grupo (o governo executivo ou o poder legislativo). O efeito de sentido é de opacificação das diferenças e homogeneização de pontos de vista, fazendo crer que há uma voz coletiva que tem um só dizer.

Na verdade, sendo o locutor-$\lambda^8$ em cada formulação, sempre um membro do governo executivo ou legislativo, podemos afirmar que o ponto de vista expresso pelo enunciador "governo" (executivo ou legislativo) é legitimado pelo lugar de onde se enuncia; entretanto, o povo é falado do lugar de enunciação do governo britânico, numa operação de inclusão que produz o efeito de sentido de homogeneização.

Mas o processo de nomeação para inclusão do povo britânico na posição de enunciador sinaliza que existe, contraditoriamente, uma separação irredutível. Dito de outro modo, a designação que fabrica a ilusão de que o ponto de vista do povo está incluído no discurso dos governantes significa dentro da perspectiva do silenciamento (cf. capítulo 6): a inclusão indica que a separação funciona no silêncio, que é do domínio do interdiscurso. E, de fato, essa separação, que é interditada no discurso oficial do governo, é expressa por meio de vozes dissonantes cujo teor apresentamos sucintamente no capítulo anterior (cf. nota nº 10, capítulo 6). A nomeação produz o efeito de sentido de apagamento da separação irredutível, mas esta permanece significando no silêncio. É, pois, na relação desse discurso com seu interdiscurso que o termo coletivo "povo" adquire sentido ao ocupar a posição de enunciador.

Mas, concomitantemente e de forma a reafirmar o modo contraditório de funcionamento das diferentes posições de enunciação, esse mecanismo de incluir um termo coletivo de massa na posição de sujeito da enunciação indica que o "eu" discursivo se apresenta como uma instância que reconhece o espaço da representatividade política. Esse não pode ser o lugar do império, e sim de instituições democráticas.

*Considerações finais em torno das posições de enunciação*

Podemos, neste ponto, resumir as três operações enunciativas desenvolvidas nas seções acima em torno das posições de enunciação.

No primeiro caso — de ocupação do lugar de enunciação pela figura do governo britânico — a posição de enunciação é nomeada e definida, além de se apresentar como uma posição legitimada e como instância decisória em razão da construção da performatividade num espaço anterior à enunciação. Isso constrói, como efeito de sentido, um "eu" discursivo que fala do lugar do império, instância de poder que prescinde de mecanismos para sua legitimação. Esse sentido é formulável no discurso colonialista.

Já ao considerarmos o campo referencial do pronome "we", vemos que, de forma oposta à primeira operação, a posição de enunciação se mostra difusa e não-nomeada. Há uma operação de indeterminação dos referentes de "we", o que provoca a ambigüidade e a conseqüente expressão de uma enunciação indeterminada. O efeito de sentido produzido é o de representação do "eu" discursivo (especificamente os governantes britânicos) de maneira difusa e muitas vezes indistinguível da coletividade dos britânicos, ou, mesmo, um efeito de trazer o outro (os governados indianos) para junto de si. Trata-se de um efeito de aparente neutralização da identidade específica do sujeito e conseqüente associação com uma coletividade, o que revela um "eu" discursivo que se constrói como um sujeito que fala de um lugar político-institucional que se funda no reconhecimento do espaço de representação dado pelo povo. Ademais, essa posição convém a um discurso que se enuncia ilusoriamente como um discurso de igualdade.

Finalmente, no terceiro caso, é também o governo britânico que ocupa a posição de enunciação, mas opera-se, no acontecimento enunciativo, o ato de nomear o povo britânico para incluí-lo na posição de enunciador. Vimos que é precisamente esse ato de nomear que sinaliza a existência contraditória de uma separação entre governo e povo. Novamente há um efeito de neutralização das diferenças (de opinião, de vontade) e de construção de um discurso coeso e homogêneo, mas que também é forçado a reconhecer o espaço da representação política e a falar desse lugar.

As posições de enunciação constituídas por alguns usos do pronome pessoal e pelo termo coletivo demonstram uma fissura na posição de enunciação que remete ao lugar do império e a sua coexistência contraditória com uma posição que se exerce no espaço do político-institucional. Dessa forma, podemos estabelecer um paralelo entre o funcionamento discursivo das operações de designação e predicação do processo de independência e de designação da relação entre britânicos e indianos, analisadas no capítulo anterior, e o funcionamento em torno das posições de enunciação. Os dois conjuntos mostram a constante *tensão* entre duas filiações contraditórias — a filiação ao discurso colonialista e ao discurso de soberania/igualdade — e a conseqüente instabilidade do discurso político britânico provocada pela irrupção do outro (o colonizado) significando como sujeito político.

# Notas

1 Lembramos o leitor que estamos utilizando o conceito de enunciação conforme desenvolvido por Guimarães (1989a e 1995) e explicitado no capítulo 2.

2 A inspiração para a análise sobre a construção do lugar da performatividade nos foi dada pelo trabalho de Guimarães (1991), que estuda os sentidos de "República" nos textos das constituições brasileiras em parte através da análise das posições do sujeito da enunciação.

3 A freqüência e o número de repetições não são critérios determinantes para a análise do discurso. Entretanto, pode-se atentar para ela, quando cabível, como meio de enfatizar a incidência de um certo percurso dos sentidos em um discurso determinado.

4 Fairclough (1989) faz uso dessa divisão na análise dos efeitos de sentido do discurso thatcherista.

5 Louis Guespin (1985) "Nous, la langue et l'interaction", *Mots*, 10, apud Indursky (1996, p. 49).

6 Indursky (1997) apresenta uma análise do emprego do pronome "nós" no discurso presidencial da Terceira República brasileira, na qual nos baseamos para realizar a presente análise. Embora os casos do pronome sejam evidentemente distintos nos dois trabalhos, a abordagem de Indursky constituiu a inspiração para nossa análise.

7 O termo é emprestado de Anderson (1991), que com ele designa um conceito de nação. O autor argumenta que uma nação é uma comunidade política *imaginada* porque, embora os membros de uma nação nunca venham a conhecer todos os outros, nas suas mentes eles têm a imagem da sua unidade e união. Essa imagem projeta a nação como uma comunidade, limitada e soberana, e dá aos seus membros um sentido de ligação no tempo e espaço.

8 Na conceituação de Ducrot (1984), o locutor-$\lambda$ é definido como ser do mundo. Guimarães (1989b, p. 46), por considerar "a enunciação como um fenômeno histórico-social", amplia a definição, conceituando o locutor-$\lambda$ como "locutor-enquanto-pessoa-socialmente-constituída".

## Conclusão

Após este percurso, seria oportuno voltarmos ao nosso objetivo e às perguntas iniciais. Tínhamos como objetivo analisar os modos pelos quais o discurso político britânico sobre a "transferência de poder" na Índia representa o eu (britânicos), o outro (indianos) e a relação entre eles. Levantamos algumas perguntas que visavam compreender o funcionamento de um discurso que poderíamos denominar de "transição", pelo fato de antecipar uma nova configuração política e, por isso, deslocar sentidos estabilizados dentro de uma relação colonial entre dois povos, embora fosse, ao mesmo tempo, produzido ainda em uma situação política de subordinação de um povo a outro.

Este estudo procurou responder às seguintes questões: em um momento de reconfiguração política, no interior de uma relação colonial que está prestes a chegar ao fim, qual é o peso de um discurso sobre a soberania e a igualdade? Como, nesse contexto, intervêm sentidos de um discurso colonialista típico, no qual o reconhecimento da diferença entre colonizador e colonizado é necessariamente precedido de um juízo de valor que preconiza uma hierarquia entre dois pólos (superior/inferior; civilizado/primitivo)? Através de que funcionamentos de linguagem legitima-se o lugar de enunciação do colonizador, cujo poder é pré-estabelecido? Como esse lugar de enunciação é confrontado com uma segunda posição, que extrai das formas de representação política a sua legitimidade? De que maneira esses discursos e posições enunciativas opostos se articulam na definição de novas identidades políticas? Pode-se dizer que estamos diante de uma nova discursividade?

Nossa análise concluiu que as condições de produção específicas resultam em um discurso que se constrói na ambigüidade, pois joga com dois opostos: aparentemente rompe com os sentidos do discurso colonialista somente para reiterá-los. Dessa forma, estabelece uma relação conflituosa com sua memória discursiva. Trata-se de um discurso que busca estabelecer um "novo" sentido para o eu, o outro e a própria relação entre colonizador e colonizado, pautado por construções lingüísticas que remetem à *igualdade*, *amizade* e *cooperação* na relação, ao reconhecimento do outro como cidadão soberano e à representação do eu como representante político, legitimamente constituído, dos governados. Mas esses sentidos, que se inscrevem em um discurso que poderíamos denominar de soberania/igualdade, são constantemente atravessados por sentidos opostos formuláveis no discurso colonialista.

Vimos também que há uma diferença fundamental no funcionamento discursivo entre um recorte e outro. O sujeito no discurso do século XIX enuncia sempre do lugar do império, lugar que se apresenta como sempre-já legitimado, mesmo que o império surja sob as vestes de um discurso racionalista-humanista ou "científico" que não só justificam humanitariamente a tarefa de colonização, mas também lhe emprestam racionalidade. Desse lugar, o sujeito representa a si mesmo e ao outro por meio de imagens "congeladas" (superioridade, verdade, civilização *versus* inferioridade, falsidade, barbárie). Por outro lado, o sujeito do discurso político britânico no período pré-independência assume duas posições de enunciação contraditórias: uma que fixa a enunciação no mesmo lugar do império, trazendo para o acontecimento enunciativo o discurso colonialista na forma de interdiscurso; e outra que pressupõe uma configuração política que se funda na representatividade e que traz sentidos de um discurso de igualdade/soberania.

Pode-se concluir, portanto, que a configuração discursiva que rege o discurso sobre a transferência de poder e que se caracteriza por fazer coexistirem sentidos opostos e contraditórios vindos de diferentes regiões do interdiscurso organiza as posições do sujeito enunciador e os funcionamentos discursivos de modo a fazê-los significar de dois lugares incompatíveis: o lugar do império e o lugar do espaço político-constitucional em um estado democrático. Daí o efeito de sobredeterminação.

Foi a análise do funcionamento da língua afetada pela história e vista através do acontecimento enunciativo que nos possibilitou compreender que o discurso político britânico analisado não se constitui como um espaço monolítico de sentidos; que, ao contrário, é um espaço atravessado por contradições. Contradições talvez típicas de um poder colonial agonizante e confrontado pelas mudanças e pelos cortes, embora nunca completos do ponto de vista discursivo, provocados por uma nova situação histórica.

Em seu ensaio "Gramática africana", a respeito do uso da palavra "destino" pelos colonizadores franceses sobre a África, Barthes (1970, p. 86) observa que é no momento em que "os povos colonizados começam a desmentir a fatalidade da sua condição que o vocabulário burguês faz mais uso da palavra destino". Transportando essa reflexão para nossa análise, gostaríamos de afirmar que é justamente quando os indianos, na sua condição de povo colonizado, acirram suas reivindicações e deixam explícita a estranheza de sua condição de subjugados a um poder estrangeiro que o discurso do colonizador parece fazer mais uso de formas que reiteram a ascendência do poder colonial e sua legitimidade, ao mesmo tempo em que a própria relação colonial é encoberta pelo modo de presença do interdiscurso de coexistência de sentidos opostos.[1]

Mas o outro se faz significar nesse discurso, à revelia talvez, exatamente nos pontos em que a costura do discurso que oscila contraditoriamente entre a postulação da igualdade, de um lado, e da legitimidade da dominação, de outro, se esgarça e permite que o outro signifique. Essas formas de significação do outro se dão através do silenciamento, pois aquilo que é silenciado sempre escapa e vai significar em outro lugar, de outra maneira. No discurso em questão esse espaço de significação aparece no reconhecimento do outro como sujeito político, embora não pleno, e pela pressuposição de um espaço de representatividade política.

Se "pelo silenciamento, sabemos, um discurso diz para não deixar que se digam as 'outras' palavras", conforme nos lembra Orlandi (1990, p. 122), ele deixa índices que nos permitem ver o mecanismo pelo qual *as palavras resistem* e "se desdobram em outras palavras", que são os pontos onde o desejo de completude do sujeito discursivo se confronta com os "pontos de deriva" por onde outros sentidos surgem na contradição. Todo discurso de constituição de identidades procura completar o outro, mas o outro sempre parece escapar pelos desvãos da língua.

Esses pontos de deriva sinalizam a constituição heterogênea e contraditória do sujeito colonizador e confirmam se tratar de um sujeito afetado pelo encontro colonial. As estratégias de silenciamento do outro e de suturação das bordas do discurso, para fixar o eu, o outro e sua relação mútua em torno de sentidos que não "vazem", revelam, na verdade, a existência de sentidos que teimam em não se calar e em mostrar as contradições da situação de colonização.

Finalmente, gostaríamos de esboçar duas questões. A primeira diz respeito à nossa verificação de que o discurso britânico representa um lugar forte de constituição do outro, porém não nos permite explorar diretamente os possíveis efeitos dessas formas de representação no discurso dos próprios indianos. Desejamos, contudo, sugerir que, levando-se em consideração os postulados da análise do discurso de que somos constituídos por discursos, o "olhar" britânico sobre a Índia é um dos "lugares" de constituição discursiva dos indianos. Novamente, remetemos a Orlandi (1990, p. 240), que afirma: "o sermos descobertos em nossas razões pelo olhar de fora nos mantém prisioneiros do sentido outro". Por exemplo, que efeitos terá tido sobre os indianos o fato de serem constituídos discursivamente, até mesmo no discurso político britânico pré-independência, a partir também do lugar da igreja? Ou que peso deve ter exercido, no seu próprio discurso, a coexistência de sentidos contraditórios no discurso do colonizador? Uma análise do discurso produzido pelos indianos no mesmo período provavelmente permitiria estabelecer vários paralelos interessantes e também os lugares de luta pelos sentidos.

Uma tese que vem corroborar essa hipótese encontra-se nas considerações de Chakrabarty (1995) a respeito do discurso da História. O autor problematiza a idéia de que os indianos possam se representar na história de modo independente, argumentando que não há possibilidade de escape da condição reinante, na qual todas as outras histórias transformam-se em variações – e, portanto, são derivadas – de uma "narrativa mestre que poderia ser chamada de 'história da Europa'" (op. cit., p. 383). Ao tentar a completa cisão com o discurso acadêmico da história européia, os indianos, alega o autor, só podem se representar como sujeitos "plenos" de duas formas: construindo narrativas sobre o passado que são anti-históricas e antimodernas ou imitando o sujeito moderno da história européia e, assim, se apresentando como moderno de forma derivada e mimética. De um modo ou de outro, o sujeito indiano só pode se representar como uma figura incompleta em relação ao modelo europeu.

Valendo-nos das conclusões de Chakrabarty, nossa análise pode apenas sugerir que as formas de auto-representação dos indianos não consigam se dissociar inteiramente das narrativas do colonizador e da construção de uma Europa hiper-real que lhes foi contada. Mas, por meio da análise do discurso do colonizador britânico, pudemos detectar os espaços por onde o outro significa no discurso britânico e que dão uma medida da pertinência de se afirmar que o sujeito é habitado pela alteridade, não apenas no sentido psicanalítico do outro (o domínio do inconsciente) que o constitui (cf. Authier-Revuz), como também do outro empírico com o qual o sujeito estabelece uma relação simbólica pela qual esse outro vem significar no seu discurso.

A segunda questão está relacionada com o que dissemos na introdução sobre formas de cultura colonial hoje. Esta reflexão nos faz pensar que os movimentos de sentidos de discursos atravessados por formações colonialistas podem estar apresentando reflexos no mundo atual nas tentativas de "colonização das diferenças" (cf. Bahri, 1997), pelo aparente reconhecimento do outro, pela ilusória diluição das diferenças, pelos supostos gestos de tornar o outro igual. Nesse movimento, o espaço do outro tende a ser sempre significado, no discurso dominante, a partir de uma perspectiva "colonizadora". As diferenças são colonizadas quando elas são "digeridas" e domesticadas.

Em seu artigo, Bahri refere-se às condições de ensino das literaturas pós-coloniais ("periféricas") na academia, em países do "centro", como Estados Unidos e países da Europa ocidental. Afirma a autora que a estratégia dos pólos de maior poder da academia é conferir voz e autoridade aos defensores da literatura pós-colonial, de modo a criar um discurso da diferença que seja controlável e consumível e que, por isso mesmo, não interfira com o discurso normativo. Ou seja, a tática de estímulo à produção de um contradiscurso, de dentro da academia, no lugar de tentativas de repressão e negação desse mesmo discurso, tem como efeito a sua domesticação. Ele passa a ser um discurso mais propenso à reprodução das tecnologias do poder dominante que à sua contestação.

A situação descrita acima é um exemplo de "colonização" das diferenças, conceito que, gostaríamos de sugerir, pode ser aplicado também a outros casos de apreensão do "outro", sobretudo se atentarmos para discursos de cunho político e econômico que delineiam um mundo "globalizado" de diluição de fronteiras e resolução das diferenças.

Mas há, por outro lado, reflexos de um discurso colonialista também em formas de representação do outro (o nativo, o primitivo, culturas não-ocidentais) que tentam caracterizá-lo de maneira positiva. Em sua investigação sobre o projeto antropológico e algumas formas artísticas de representação de culturas não-dominantes, Thomas (1994) assinala um traço ainda comum a todos eles: a manutenção do outro dentro de categorias típicas da cultura colonialista, que são o essencialismo expresso na caracterização das identidades como sendo fixas e imutáveis e a negação de uma existência histórica a essas culturas, ou seja, uma existência que se desenvolve e, portanto, se modifica historicamente.

Na verdade, casos como esses, de tentativa de imposição de um só sentido pelo discurso dominante, também deixam entrever os entremeios, no discurso, por onde o outro se faz significar. De alguma forma, discursos que procuram domesticar as diferenças, reiterar sentidos típicos do colonialismo ou negar historicidade a outras culturas só podem fazê-lo sob o olhar do outro que os espreita e reclama resposta. Diríamos que, em todos os campos onde se manifesta, o discurso do colonialismo está em constante *tensão* com seu Outro e a ele tem de responder, mesmo que seja negando-o.

É necessário atentar para os discursos que reproduzem formas de cultura colonial, ao mesmo tempo em que obscurecem essa sua efetiva determinação, para que se possa compreender os efeitos das matrizes colonialistas na formação de identidades culturais e políticas.

# Nota

[1] Uma análise discursiva da fraseologia apresentada por Barthes para exemplificar o uso do vocábulo "destino" ("Quanto a nós, tencionamos dar aos povos cujo destino está ligado ao nosso, uma independência verdadeira na associação voluntária", op. cit., p. 87) revelaria o mesmo mecanismo de coexistência de sentidos opostos que caracteriza o discurso analisado por nós: o discurso de soberania ("dar uma independência verdadeira") é atravessado pelos discursos missionário e evolucionista presentes no termo "destino", visto que "destino" evoca a providência divina e a condição de povo atrasado, que teria como seu destino natural (e desejável como condição de progresso) ser dominado por nações "avançadas" e, portanto, superiores.

# Bibliografia

Achard, P. "Formation discursive, dialogisme et sociologie", *Langages*, nº 117, 1995, pp. 82-95.

Althusser, L. (1965). *A favor de Marx*. Rio de Janeiro: Zahar, 1979.

Anderson, B. *Imagined communities*. 2ª ed. Londres, Nova York: Verso, 1991.

Anscombre, J.-C. e Ducrot, O. "L'argumentation dans la langue", *Langages*, nº 42, 1976, pp. 5-27.

Authier-Revuz, J. "Hétérogénéité montrée et hétérogénéité constitutive: élements pour une approche de l'autre dans le discours", *DRLAV*, nº 26, 1982, pp. 91-151.

_____. "Hétérogéneité(s) énonciative(s)", *Langages*, nº 73, 1984, pp. 98-111.

_____. *Ces mots qui ne vont pas de soi: boucles réflexives et non-coïncidences du dire*. Paris: Larousse, 1995.

Bahri, D. "Marginally off-center: postcolonialism in the teaching machine", *College English*, nº 3, 1997, vol. 59, pp. 277-98.

BANNERJI, H. "Writing 'India', doing ideology: William Jones' construction of India as an ideological category", *Left History*, nº 2, 1994, vol. 2, pp. 5-36.

BARTHES, R. (1970). *Mitologias*. São Paulo: DIFEL, 1985.

BENVENISTE, E. (1966). *Problemas de lingüística geral I*. Campinas: Pontes, 1988.

_____. (1974). *Problemas de língüística geral II*. Campinas: Pontes, 1989.

BHABHA, H. K. "Of mimicry and man: the ambivalence of colonial discourse", in *The location of culture*. Londres: Routledge, 1994a.

_____. "Signs taken for wonders: questions of ambivalence and authority under a tree outside Delhi, May 1817", in *The location of culture*. Londres: Routledge, 1994b.

BOSI, A. Formações ideológicas na cultura brasileira. Aula inaugural, Faculdade de Filosofia, Letras e Ciências Humanas, Universidade de São Paulo, 1995.

BRÉAL, M. (1897). "O elemento subjetivo", in *Ensaio de semântica*. São Paulo: EDUC; Campinas: Pontes, 1992.

BROWN, J. M. *Modern India: the origins of an Asian democracy*. Oxford: Oxford University Press, 1994.

BURGER, M. "(Dé)construction de l'identité dans l'interaction verbale: aspects de la réussite énonciative de l'identité", *Cahiers de Linguistique Française*, nº 15, 1994, pp. 249-74.

CHAKRABARTY, D. "Postcoloniality and the artifice of history", in B. Ashcroft, G. Griffiths e H. Tiffin (eds.). *The postcolonial studies reader*. Londres: Routledge, 1995.

CONEIN, B. et al. *Matérialités discursives*. Lille: Presses Universitaires de Lille, 1981.

CORACINI, M. J. *Um fazer persuasivo: o discurso subjetivo da ciência*. Campinas: Pontes; São Paulo: EDUC, 1991.

COURTINE, J.-J. e MARANDIN, J.-M. "Quel objet pour l'analyse de discours?", in B. Conein, et al. *Matérialités discursives*. Lille: Presses Universitaires de Lille, 1981.

COURTINE, J.-J. "Quelques problèmes théoriques et méthodologiques en analyse du discours, à propos du discours communiste adressé aux chrétiens", *Langages*, nº 62, pp. 9-128.

DIRKS, N. B. (ed.). "Introduction: colonialism and culture", in *Colonialism and culture*. Ann Arbor: The Universitiy of Michigan Press, 1992.

DREYFUS, H. L. e RABINOW, P. *Michel Foucault: beyond structuralism and hermeneutics*. Nova York, Londres: The Harvester Press, 1982.

DUCROT, O. (1984). *O dizer e o dito*. Campinas: Pontes, 1987.

FAIRCLOUGH, N. *Language and power*. Londres: Longman, 1989.

_____. *Discourse and social change*. Cambridge: Polity Press, 1992.

FILLMORE, C. "The case for case", in E. Bach e R. T. Harms (eds.). *Universals in linguistic theory*. Nova York: Holt, Rinehart and Winston, 1968.

FOUCAULT, M. (1966). *As palavras e as coisas*. São Paulo: Martins Fontes, 1987.

FOUCAULT, M. (1969). *A arqueologia do saber*. Rio de Janeiro: Forense, 1987.

FREUD, S. (1969). *Edição standard brasileira das obras psicológicas completas de Sigmund Freud*. Rio de Janeiro: Imago, 1972, 1987, vols. IV e V.

GADET, F. e PÊCHEUX, M. *La langue introuvable*. Paris: François Maspero, 1981.

GADET, F. e HAK, T. (orgs.) (1983). *Por uma análise automática do discurso: uma introdução à obra de Michel Pêcheux*. Campinas: Editora da UNICAMP, 1990.

GIRIN, J. "Nous et les autres: la gestion des appartenances dans un temoignage", *Langage et Société*, nº 45, 1988, pp. 5-34.

GUILHAUMOU, J. e MALDIDIER, D. (1986). "Effets de l'archive: l'analyse de discours du côté de l'histoire", *Langages*, nº 81, 1986, pp. 43-56.

GUIMARÃES, E. "Enunciação e história", in E. Guimarães (org.). *História e sentido na linguagem*. Campinas: Pontes, 1989a.

_____. "Enunciação e formas de indeterminação", in E. P. Orlandi, E. Guimarães e F. Tarallo, *Vozes e contrastes: discurso na cidade e no campo*. São Paulo: Cortez, 1989b.

_____. "Os sentidos da República no Brasil", *Pro-Posições*, nº 5, 1991, pp. 68-74.

_____. *Os limites do sentido: um estudo histórico e enunciativo da linguagem*. Campinas: Pontes, 1995.

_____. "Sentido e acontecimento — Um estudo do nome próprio de pessoa", *Revista Gragoatá*, 2001, vol. 8, pp. 69-87.

HALL, S. "The spectacle of the 'other'", in S. HALL (ed.). *Representation: cultural representations and signifying practices*. Londres: Sage Publications, The Open University, 1997.

HALLIDAY, M. A. K. *An introduction to functional grammar*, 2ª ed. Londres: Edward Arnold, 1994.

HAROCHE, C.; HENRY, P. e PÊCHEUX, M. "La sémantique et la coupure saussurienne: langue, langage, discours", *Langages*, nº 24, 1971, pp. 93-106.

HENRY, P. (1977). *A ferramenta imperfeita: língua, sujeito e discurso*. Campinas: Editora da UNICAMP, 1992.

_____. (1983). "Os fundamentos teóricos da 'análise automática do discurso' de Michel Pêcheux", in F. Gadet e T. Hak (orgs.). *Por uma análise automática do discurso: uma introdução à obra de Michel Pêcheux*. Campinas: Editora da UNICAMP, 1990.

HERBERT, T. "Observações para uma teoria geral das ideologias", *Rua*, nº 1, pp. 63-89.

INDEN, R. "Orientalist constructions of India", *Modern Asian Studies*, nº 3, vol. 20 1996, pp. 401-46.

_____. *Imagining India*. Cambridge: Blackwell, 1990.

INDURSKY, F. "O cidadão na 3ª República brasileira", in E. Guimarães e E. P. Orlandi (orgs.), *Língua e cidadania — O português no Brasil*. Campinas: Pontes, 1996, pp. 47-55.

_____. *A fala dos quartéis e as outras vozes*. Campinas: Editora da UNICAMP, 1997.

JANMOHAMED, A. R. "The Economy of Manichean Allegory", in Ashcroft, B., Griffiths, G. e Tiffin, H. (eds.). *The Post-Colonial Studies Reader*. London: Routledge, 1995.

KAVIRAJ, S. "On the construction of colonial power: structure, discourse, hegemony", in D. Engels e S. Marks (eds.). *Contesting colonial hegemony: State and society in Africa and India*. London: British Academic Press, 1994.

KERBRAT-ORECCHIONI, C. *L'énonciation de la subjectivité dans le Langage*. Paris: Armand Colin, 1980.

LAKOFF, G. e JOHNSON, M. *Metaphors we live by*. Chicago e Londres: The University of Chicago Press, 1980.

*LANGAGES*, nº 114, 1994.

LAPLANCHE, J. e PONTALIS, J.-B. (1967). *Vocabulário da psicanálise*. São Paulo: Martins Fontes, 1982.

LECOURT, D. *Pour une critique de l'épistémologie*. Paris: François Maspero, 1978.

MAINGUENEAU, D. (1987). *Novas tendências em análise do discurso*. Campinas: Pontes, 1989.

MALDIDIER, D. e GUILHAUMOU, J. "La mémoire et l'événement: le 14 juillet 1989", *Langages*, nº 114, 1994, pp. 109-25.

MALDIDIER, D. *L'inquiétude du discours: textes de Michel Pêcheux*. Paris: Éditions des Cendres, 1990.

ORLANDI, E. P. e GUIMARÃES, E. "Unidade e dispersão: uma questão do texto e do sujeito", *Cadernos PUC*, nº 31, 1988, pp. 17-36.

ORLANDI, E. P. "Segmentar ou recortar", *Série Estudos*, nº 10, 1984, pp. 9-26.

_____. *Discurso e leitura*. São Paulo: Cortez; Campinas: Editora da UNICAMP, 1988.

_____. *Terra à vista*. São Paulo: Cortez; Campinas: Editora da UNICAMP, 1990.

_____. *As formas do silêncio: no movimento dos sentidos*. Campinas: Editora da UNICAMP, 1992.

_____. "O discurso dos naturalistas", *Cultura Vozes*, nº 1, 1993, pp. 62-76.

_____. "Uma amizade firme, uma relação de solidariedade e uma afinidade teórica", in E. P. Orlandi (org.). *Gestos de leitura: da história no discurso*. Campinas: Editora da UNICAMP, 1994, pp. 7-14.

_____. *Interpretação: autoria, leitura e efeitos do trabalho simbólico*. Petrópolis: Vozes, 1996.

_____. "Um sentido positivo para o cidadão brasileiro", in E. P. Orlandi, M. Lajolo e O. Ianni. *Sociedade e linguagem*. Campinas: Editora da UNICAMP, 1997.

_____. *Análise de discurso:princípios e procedimentos*. Campinas: Pontes, 1999.

PARRET, H. *Enunciação e pragmática*. Campinas: Editora da UNICAMP, 1988.

PÊCHEUX, M. e FUCHS, C. (1975). "A propósito da análise automática do discurso: atualização e perspectivas", in F. Gadet e T. Hak (orgs.). *Por uma análise automática do discurso: uma introdução à obra de Michel Pêcheux*. Campinas: Editora da UNICAMP, 1990.

PÊCHEUX, M. (1969). "Análise automática do discurso (AAD-69)", in F. Gadet e T. Hak (orgs.). *Por uma análise automática do discurso: uma introdução à obra de Michel Pêcheux*. Campinas: Editora da UNICAMP, 1990.

_____. (1975). *Semântica e discurso: uma crítica à afirmação do óbvio*. Campinas: Editora da UNICAMP, 1988.

_____. "L'étrange miroir de l'analyse de discours", *Langages*, nº 62, 1981, pp. 5-8.

_____. "Lire l'archive aujourd'hui", *Archives et documents de la Société d'Histoire et d'Épistémologie des Sciences du Langage*, nº 2, 1982, pp. 35-45.

_____ (1983a). "A análise do discurso: três épocas", in F. Gadet, e T. Hak (orgs.). *Por uma análise automática do discurso: uma introdução à obra de Michel Pêcheux*. Campinas: Editora da UNICAMP, 1990.

_____ (1983b). *Discurso: estrutura ou acontecimento*. Campinas: Pontes, 1990.

_____. "Sur les contextes épistémologiques de l'analyse de discours", *Mots*, nº 9, 1984, pp. 7-17.

_____. "Lecture et mémoire: projet de recherche", in D. Maldidier. *L'inquiétude du discours: textes de Michel Pêcheux*. Paris: Éditions des Cendres, 1990.

PRAKASH, G. "Writing post-orientalist histories of the third world: indian historiography is good to think", in N. B. Dirks (ed.). *Colonialism and culture*. Ann Arbor: The University of Michigan Press, 1992.

PRATT, M. L. *Imperial eyes: travel writing and transculturation*. Londres, Nova York: Routledge, 1992.

RESNICK, S. A. e WOLFF, R. D. *Knowledge and class: a Marxian critique of political economy*. Chicago, Londres: The University of Chicago Press, 1987.

SAID, E. W. *Orientalism*. Londres: Penguin Books, 1978.

SERRANI, S. *A linguagem na pesquisa sociocultural: um estudo da repetição na discursividade*. Campinas: Editora da UNICAMP, 1993.

SLEMON, S. "The scramble for post-colonialism", in C. Tiffin e A. Lawson (eds.). *De-scribing empire: post-colonialism and textuality*. Londres: Routledge, 1994.

SPURR, D. *The rhetoric of Empire: colonial discourse in journalism, travel writing, and imperial administration*. Durham e Londres: Duke University Press, 1993.

SULERI, S. *The rhetoric of English India*. Chicago e Londres: The University of Chicago Press, 1992.

TERRAY, E. *Le marxisme devant les "sociétés primitives"*. Paris: François Maspero, 1969.

THOMAS, N. *Colonialism's culture*. Cambridge: Polity Press, 1994.

VISWANATHAN, G. *Masks of conquest: literary study and British rule in India*. Londres: Faber and Faber, 1990.

WILSON, J. *Politically speaking*. Oxford: Basil Blackwell, 1990.

WINKS, R. W. (ed.). *British imperialism*. Nova York: Holt, Rinehart and Winston, 1963.

YOUNG, R. J. C. *White mythologies: writing history and the West*. Londres: Routledge, 1990.

_____. *Colonial desire: hybridity in theory, culture and race*. Londres, Nova York: Routledge, 1995.

ZOPPI-FONTANA, M. *Cidadãos modernos: discurso e representação política*. Campinas: Editora da UNICAMP, 1997.

# Apêndice A

Versão em português das seqüências reproduzidas em inglês

1) A verdadeira religião, tendo revivido na Inglaterra, começou a ser sentida na Índia: a igreja de Cristo acordou para o sentido de suas obrigações para com "aqueles que se sentam na escuridão", [...] Voltou-se o pensamento para a Índia e organizaram-se esforços para pregar o evangelho de Cristo aos seus milhões que perecem (J. Kingsmill, *British rule and British Christianity in India*, 1859, p. 115).

2) O que poderíamos esperar senão uma condição a mais degradada e desmoralizada, a mais ignóbil e miserável? E não é essa, por concordância universal, a condição atual dos milhões na Índia?
Suponham, em seguida, que a salvação e a eternidade fossem temporariamente esquecidas; [...] Como a situação mundana da vasta população indiana será melhorada, — sua felicidade pessoal, doméstica e social será aumentada, — seu caráter individual e nacional será elevado e melhorado? (Rev. A. Duff, *India and India missions*, 1839, pp. 260-1).

3) Esses são os sistemas sob cuja influência o povo da Índia tornou-se o que é. Eles foram pesados na balança e considerados deficientes. Perpetuá-los é perpetuar a degradação e miséria do povo. Nosso dever não é ensiná-los, mas sim

desensiná-los, — não apertar as algemas que aprisionam as mentes dos nossos súditos há tanto tempo, mas permitir que elas se abram com o correr do tempo e o progresso dos eventos (C. Trevelyan, *On the education of the people of India*, 1838, p. 85).

4) Estamos ligados aos nativos dos nossos territórios indianos pelas mesmas obrigações e deveres que nos ligam a todos os nossos demais súditos, e essas obrigações, pela bênção de Deus Todo-Poderoso, cumpriremos fiel e conscienciosamente (Proclamação da Rainha Vitória no evento de passagem do governo da Índia para a Coroa britânica, em 1858, após a abolição da Companhia das Índias; em Basu, 1931, p. 974).

5) A Câmara estava consciente sobre que medidas educacionais haviam sido adotadas na Índia e ele, dentre outros, regozijava-se com o fato de que uma grande parcela dos nobres parlamentares era da opinião de que constituía um dever, assim como um privilégio, do governo britânico melhorar a educação da enorme população súdita deste país na Índia. Já nos idos de 1813, por ocasião da renovação da carta-patente da Companhia, reconheceu-se na carta que era dever do governo da Índia esforçar-se para encorajar os Nativos instruídos a se iniciar nos estudos da literatura ocidental e a partilhar aquele conhecimento útil que teria maior probabilidade de estabelecer o bem-estar material do país, assim como melhorar o caráter moral dos próprios Nativos. [...] Ele também havia sido informado de que [...] nossos sucessos deviam-se em geral não tanto a nossa ciência superior mas sim àquelas qualidades morais que o mero ensino não podia oferecer, e que eram herdadas pelos ingleses através do sangue recebido de seus antepassados e do fato de serem criados no seio da civilização ocidental e de instituições livres; dessa forma, fazendo deles uma raça superior à dos Nativos com quem tinham de lidar. [...] Todos os homens pensantes atualmente eram da opinião de que nosso objetivo real no governo da

Índia devia ser beneficiar as pessoas governadas, e que, portanto, devíamos fazer o melhor para elevá-los na escala social e moral (Conde de Granville, 148 Hansard's Parliamentary Debates, 3s., 19/2/1858, pp. 1.725-29).

6) Ele estava certo de que se [...] fosse nosso desejo promover o avanço moral do povo da Índia, esse objetivo não poderia, de forma alguma, ser mais eficientemente impulsionado senão pela extensão a eles do conhecimento das grandes verdades da religião cristã; [...] Ele tinha esperança de que discussões como aquela no Parlamento despertariam cada vez mais o povo da Inglaterra para o sentimento de seu dever de estender as bênçãos da civilização cristã aos milhões na Índia (Duque de Marlborough, 153 Hansard's Parliamentary Debates, 3s., 15/4/1859, p. 1.789).

7) Em 1857 uma minuta foi emitida por Sir Charles Wood, da qual ele citaria a seguinte passagem: "Antes de prosseguir, devemos declarar enfaticamente que a educação que desejamos ver estendida à Índia é a que tem por objetivo a difusão das refinadas artes, ciência, filosofia e literatura da Europa — em suma, o conhecimento europeu. Para atingir esse fim, é necessário, pelas razões dadas acima, que eles (os Nativos da Índia) sejam familiarizados com as obras de autores europeus e com os resultados do pensamento e trabalho dos europeus em todos os gêneros de disciplinas das quais o conhecimento lhes deve ser concedido; e ampliar os meios de se conceder tal conhecimento deve ser o objetivo de qualquer sistema geral de educação".

Assim, parecia que o sistema de educação que estávamos no momento nos esforçando para aplicar na Índia estava baseado essencialmente em um modelo europeu e estava calculado para assegurar aos Nativos o conhecimento de todos os ramos da ciência, filosofia e artes européias. Mas, para julgar o efeito de tal sistema, os nobres parlamentares precisariam se lembrar da natureza da religião que prevalecia na Índia. Os nobres colegas precisariam compreender quais eram os sistemas daquela religião, fundada não apenas em falsa doutrina, mas também em falsa ciência, antes de poderem apreciar os resultados de tal sistema de educação. Se os nobres colegas se dignassem se referir à descrição da religião brâmane exposta na recente e qualificada obra de Sir Emerson Tennent, eles concluiriam que não se tratava somente de uma falsa religião, mas apresentava-se tão misturada com erros em ciência que tão logo o conhecimento, a inteligência e a verdadeira ciência européia foram levados para nutri-la seus fundamentos foram totalmente destruídos (Duque de Marlborough, 159 Hansard's Parliamentary Debates, 3s., 2/7/1860, pp. 1.242-3).

8) Mal completaram-se seis meses que o Sr. Attlee convidou-me a aceitar o cargo de último vice-rei. Ele deixou claro que essa não seria uma tarefa fácil — desde que o governo de Sua Majestade no Reino Unido havia decidido transferir o poder para mãos indianas até junho de 1948 (Discurso de Lord Mountbatten à Assembléia Constituinte da Índia, 15/8/1947, em *The transfer of power*, vol. XII, p. 776).

9) Este tratado cobrirá todas as questões surgidas com a completa transferência de responsabilidade das mãos britânicas para as indianas (Sir Stafford Cripps, 434 H.C. DEB. 5s., 5/3/1947, p. 497; citação do tratado firmado pelo governo britânico com os indianos em 1942, regulamentando a futura transferência de poder).

10) Mais uma vez, certamente, um apelo poderia ter sido feito aos oficiais que se reformaram dos seus postos na Índia para que voltassem temporariamente com o único propósito de se certificarem de que entregaríamos nossa autoridade de forma ordeira e digna, [...] (Sir J. Anderson, 434 H.C. DEB. 5s., 5/3/1947, p. 523).

11) Digo agora que, se uma data tinha de ser fixada, por que não foi uma data após a qual, se nenhuma autoridade cen-

tral tivesse sido constituída por acordo, o governo teria concluído que aquela possibilidade [...] teria de ser descartada, de modo que se poderia então proceder, com todo o vigor, à constituição de uma transferência de funções tão rapidamente quanto possível para as mais adequadas autoridades separadas que pudessem ser encontradas na Índia àquela altura (Sir J. Anderson, 434 H.C. DEB. 5s., 5/2/1947, pp. 526-7).

12) Nossos objetivos declarados eram dois – primeiro, a melhoria das condições das pessoas e do seu padrão de vida; e, segundo, ensinar-lhes as formas da boa administração e gradualmente treiná-los a assumir responsabilidades de modo que um dia pudéssemos transferir para eles o ônus completo do seu próprio governo autônomo (Mr. Clement Davies, 434 H.C. DEB. 5s., 5/3/1947, p. 530).

13) Fomos levados a acreditar que um acordo entre as grandes comunidades indianas era, até aqui, uma das precondições essenciais para qualquer transferência da máquina completa do governo a uma Assembléia Constituinte (Major Mott-Radclyffe, 434 H.C. DEB. 5s., 5/3/1947, p. 574).

14) Em conclusão, parece-me que a Emenda Opositora é uma contradição em termos. Eles dizem, de fato, que eles pretendem ceder a independência à Índia, mas não agora – em alguma data futura (Lieut.-Colonel Hamilton, 434 H.C. DEB. 5s., 5/3/1947, pp. 582-3).

15) Durante o período interino, o governo britânico, reconhecendo a importância das mudanças no governo da Índia, colocará sua capacidade de cooperação máxima a serviço do governo assim formado para a realização de suas tarefas de administração e para concretizar uma transição tão rápida e suave quanto possível (Pronunciamento do secretário de Estado para a Índia, 16/5/1946, em Menon, 1968, p. 487).

16) Eu dizia que, nas circunstâncias da guerra, o entusiástico nacionalista indiano viu uma oportunidade para apressar o processo que lhe parecia injustificadamente lento. [...] o apelo para lutar pela democracia e liberdade despertou como forte eco o desejo pela sua própria liberdade entre as fileiras dos nacionalistas na Índia [...] (Sir S. Cripps, 434 H.C. DEB. 5s., 5/3/1947, p. 495).

17) Há um desejo apaixonado nos corações dos indianos, expresso pelos líderes de todos os seus partidos políticos, pela independência (Pronunciamento do secretário de Estado para a Índia, 16/5/1946, em Menon, 1968, p. 485).

18) Não pode haver volta. Uma vez que o povo tenha expressado um forte desejo de gerir suas próprias questões, esse desejo não pode ser suprimido, nem pode a realização desse desejo ser longamente adiada (Mr. Davies, 434 H.C. DEB. 5s., 5/3/1947, pp. 532-3).

19) Seria contrário a tudo que dissemos e à política deste país prolongar nossa estada na Índia por mais de uma década contra os anseios dos indianos — e não há dúvida de que seria contra os seus anseios (Sir S. Cripps, 434 H.C. DEB. 5s., 5/3/1947, p. 504).

20) Sempre me pareceu um profundo erro acreditar que poderíamos efetuar um relacionamento mutuamente vantajoso com a Índia continuando nosso controle sobre aquele país contra a vontade do povo, fosse qual fosse a forma modificada (Sir S. Cripps, 434 H.C. DEB. 5s., 5/3/1947, p. 510).

21) Creio honestamente que o conjunto de pessoas letradas e esclarecidas na Índia aguarda um governo autônomo, e quanto mais esperamos e temporizamos mais provável é que tenhamos problemas na Índia [...] (Sir W. Smiles, 434 H.C. DEB. 5s., 5/3/1947, p. 556).

22) [...] a declaração feita pelo governo de que não podemos e não pretendemos de forma alguma voltar atrás em nossa palavra, de que não pretendemos sufocar as esperanças dos povos indianos, mas, ao contrário, suscitá-las [...] (Mr. Davies, 434 H.C. DEB. 5s., 5/3/1947, p. 533).

Nota 10, cap. 6: [...] no final eles [a Oposição] terão de se restringir ou a um ato definido de hostilidade contra a nossa decisão, como governo, de reconhecer o direito da Índia à liberdade e independência ou ao apoio a essa decisão (Mr. Sorensen, 434 H.C. DEB., 5s., 5/3/1947, p. 565).

23) Aos líderes e povo da Índia que agora têm a oportunidade da total independência diríamos finalmente isto (Pronunciamento de ministros e do vice-rei, 16/5/1946, em Menon, 1968, p. 484).

24) [...] agora tornamos abundante e inescapavelmente claro que pretendemos, até junho de 1948, remover nosso controle da Índia, em favor daquela liberdade que os indianos de todas as comunidades têm persistentemente demandado (Sir S. Cripps, 434 H.C. DEB. 5s., 5/3/1947, pp. 510-1).

25) Toda nossa política e ação tem sido baseada na aceitação da reivindicação indiana de que os indianos são dignos e capazes de um governo autônomo (Sir S. Cripps, 434 H.C. DEB. 5s., 5/3/1947, p. 511).

26) Vocês já devem ter estudado a declaração, a maioria de vocês, e já devem talvez ter formado a sua opinião sobre ela. Se acharem que ela mostra um caminho para alcançar o cume que vocês têm almejado há tanto tempo, a independência da Índia, estou certo de que estarão ansiosos por aceitá-la. (Pronunciamento de Lord Wavell, 17/5/1946, em Menon, 1968, p. 489).

27) Fui autorizado pelo governo de Sua Majestade a colocar diante dos líderes políticos indianos propostas planejadas para distender a presente situação política e levar a Índia em direção a sua meta de um governo autônomo pleno (Discurso do vice-rei, Lord Wavell, 14/6/1945, em Menon, 1968, p. 468).

28) [...] o Partido do Congresso vem se tornando progressivamente uma ditadura, almejando à expulsão, por métodos revolucionários, embora professadamente não-violentos, do governo britânico existente e sua substituição por um governo do partido (Secretário de estado para a Índia, Mr. Amery, 388 H.C. DEB. 5s., 30/3/1943, pp. 69-70).

29) Felizmente havia material melhor e mais firme na Índia do que os líderes do Congresso imaginavam. Não apenas a Índia, mas toda a causa dos Aliados têm um profundo débito de gratitude para com os membros indianos do Executivo do Vice-Rei, cuja decisão pronta e resoluta para prender os organizadores do mal fizeram com que a rebelião começasse sem estar bem planejada. Deve-se também [...], e não menos, à vasta maioria do público indiano, hindus assim como muçulmanos, que se mantiveram à distância ou até mesmo deram seu suporte ativo às autoridades. Com o verdadeiro caráter e curso da rebelião do Congresso eu lidei [...] (Secretário de Estado para a Índia, Mr. Amery, 388 H.C. DEB. 5s., 30/3/1943, p. 74).

30) Basta-me dizer que o peculiar apelo do Sr. Gandhi à veneração hindu pelo asceta ajudou a fazer dele o ditador inquestionável, [...] da organização partidária que é de longe a maior, mais bem financiada e mais rigidamente treinada da Índia (idem 28 e 29 acima, p. 70).

31) Todas as pessoas amantes da liberdade desejarão partilhar das suas celebrações, pois, com esta transferência de poder por consentimento, vem a realização de um grande

ideal democrático ao qual tanto o povo indiano quanto o povo britânico têm firme dedicação. É inspirador pensar que tudo isso foi alcançado por meio de uma mudança pacífica (Mensagem do monarca britânico aos indianos, 15/8/1947, em *The transfer of power*, vol. XII, p. 776).

32) Neste momento histórico, não nos esqueçamos de tudo que a Índia deve a Mahatma Gandhi — o arquiteto de sua liberdade através da não-violência (Discurso de Lord Mountbatten à Assembléia Constituinte da Índia, 15/8/1947, em *The transfer of power*, vol. XII, p. 780).

33) O governo de Sua Majestade não pode concluir esta Declaração sem expressar em nome do povo deste país sua benevolência e seus bons votos ao povo da Índia no momento em que eles se lançam ao estágio final na realização de um governo autônomo. Será o desejo de todos nestas ilhas que, não obstante alterações constitucionais, a associação dos povos britânico e indiano não chegue a seu término (Pronunciamento do primeiro-ministro, Mr. Attlee, no Parlamento, 20/2/1947, em Menon, 1968, p. 520).

34) Não é necessário, penso, recapitular em detalhes os vários estágios de nossa longa história de associação com o povo indiano, através da qual nos dirigimos constantemente — embora com velocidades que variaram — rumo ao estágio final e inevitável de um governo autônomo na Índia (Sir Stafford Cripps, 434 H.C. DEB. 5s., 5/3/1947, p. 494).

35) Os indianos reconhecerão, acredito, que elas são propostas unicamente no interesse do povo indiano. Eles podem se sentir assegurados de que, qualquer que seja o curso a ser escolhido pela Índia, a Grã-Bretanha e o povo britânico se empenharão em manter as mais íntimas e cordiais relações com o povo indiano, com o qual tem havido uma associação tão longa e frutífera (Primeiro-Ministro, Mr. Attlee, 3/6/1947, em *The transfer of power*, vol. XI, p. 108).

36) Assim, vemos hoje esse desejo por expressão própria e governo autônomo não somente entre os povos de origem européia, mas também entre os da Índia e África. É um processo de evolução pelo qual nós sobretudo somos responsáveis e pelo qual temos direito a crédito. Essa tem sido nossa política na Índia. Nossa associação com a Índia durante dois séculos tem sido, no conjunto, — com erros, conforme admitiremos — uma associação honrada (Mr. Davies, 434 H.C. DEB. 5s., 5/3/1947, pp. 530-1).

37) Esperamos que a nova Índia independente possa escolher ser membro do Commonwealth britânico. Esperamos, qualquer que seja o caso, que vocês permaneçam em íntima e cordial associação com nosso povo. Mas essas são questões de sua livre escolha (Pronunciamento de ministros e do vice-rei, 16/5/1946, em Menon, 1968, p. 484).

38) O governo de Sua Majestade não pode concluir esta Declaração sem expressar em nome do povo deste país sua benevolência e seus bons votos ao povo da Índia no momento em que eles se lançam ao estágio final na realização de um governo autônomo (Pronunciamento do primeiro-ministro, Mr. Attlee, no Parlamento, 20/2/1947, em Menon, 1968, p. 520).

39) Meus colegas estão indo à Índia com a intenção de se empenhar ao máximo para auxiliá-la a alcançar sua liberdade tão rápida e plenamente quanto possível (Primeiro-ministro, Mr. Attlee, 15/3/1946, citado no pronunciamento de ministros e do vice-rei, 16/5/1946, em Menon, 1968, p. 475).

40) É bastante claro que com a obtenção da independência pela Índia Britânica, seja dentro ou fora do Commonwealth britânico [...] (Pronunciamento de ministros e do vice-rei, 16/5/1946, em Menon, 1968, p. 479).

41) A declaração feita pelo vice-rei [...] contempla os passos que o governo de Sua Majestade propõe sejam tomados para promover a breve realização de um pleno governo autônomo na Índia (Mr. Herbert Morrison, 416 H.C. DEB. 5s., 4/12/1945, pp. 2.102-3).

42) O povo britânico, por preceito e exemplo, fez muito para inspirar os indianos a caminharem para alcançar sua própria democracia autônoma (Sir Stafford Cripps, 434 H.C. DEB. 5s., 5/3/1947, p. 494).

43) A realização de um governo autônomo pleno só pode vir por meio da transferência ordeira e pacífica do controle da máquina do Estado para uma autoridade inteiramente indiana (Mr. Herbert Morrison, 416 H.C. DEB. 5s., 4/12/1945, p. 2.104).

44) O governo de Sua Majestade está dando todo o encorajamento paraque se prossiga com isso de modo que a melhoria das condições sociais possa acontecer simultaneamente com a instituição do governo autônomo (idem 43, acima).

45) Há um desejo apaixonado nos corações dos indianos, expresso pelos líderes de todos os seus partidos políticos, pela independência. O governo de Sua Majestade e o povo britânico como um todo estão plenamente prontos para conceder essa independência seja dentro ou fora do Commonwealth britânico e esperam que daí surja uma associação duradoura e cordial entre nossos dois povos em condições de completa igualdade (Pronunciamento do secretário de Estado para a Índia, 16/5/1946, em Menon, 1968, p. 485).

46) Agora que foi final e absolutamente decidido que a Índia terá a completa independência que deseja, dentro ou fora do 'Commonwealth' britânico, à sua escolha, estamos ansiosos para que ela a tenha o mais breve possível (Pronunciamento de Sir Stafford Cripps, 16/5/1946, em Menon, 1968, p. 492).

47) Nossos objetivos declarados eram dois — primeiro [...]; e, segundo, ensinar-lhes as formas da boa administração e gradualmente treiná-los a assumir responsabilidades de modo que um dia pudéssemos transferir para eles o ônus completo do seu próprio governo autônomo. [...] Assim, vemos hoje esse desejo por expressão própria e governo autônomo não somente entre os povos de origem européia mas também entre os da Índia e África. É um processo de evolução pelo qual nós sobretudo somos responsáveis e pelo qual temos direito a crédito. Essa tem sido nossa política na Índia (Mr. Davies, 434 H.C. DEB. 5s., 5/3/1947, pp. 530-1).

48) O povo britânico, por preceito e exemplo, fez muito para inspirar os indianos a caminharem para alcançar sua própria democracia autônoma (Sir Stafford Cripps, 434 H.C. DEB. 5s., 5/3/1947, p. 494).

49) Posso dizer apenas isto, que o que estamos fazendo está de acordo com as opiniões expressas sempre por verdadeiramente grandes estadistas em nosso país e nada pode contribuir mais para as mais altas tradições de liberdade que prevalecem em meu país que a possibilidade de termos, como resultado de nossos esforços, nos anos vindouros, um país soberano aqui na Índia cujo relacionamento com o nosso seja de amizade e igualdade nos dias que se seguirão (Secretário de Estado para a Índia, em conferência à imprensa, 17/5/1946, em Menon, 1968, p. 517).

50) É em bases plenamente aceitas pelo governo de Sua Majestade e pelo povo da Grã-Bretanha que seja concedida a mais completa oportunidade para a obtenção do governo autônomo pelo povo indiano [...]. A mais completa oportunidade para a obtenção do governo autônomo pelo povo da Índia foi garantida pelo governo de Sua Majestade (Resolution of the government of India, 7/8/1942, em Gandhi, *Collected Works*, p. 464).

51) Digo agora que, se uma data tinha de ser fixada, por que não foi uma data após a qual, se nenhuma autoridade central tivesse sido constituída por acordo, o governo teria concluído que aquela possibilidade [...] teria de ser descartada, de modo que se poderia então proceder, com todo o vigor, à constituição de uma transferência de funções tão rapidamente quanto possível para as mais adequadas autoridades separadas que pudessem ser encontradas na Índia àquela altura. [...] Se o governo pudesse prosseguir com o segundo estágio sem obstruções de parte alguma, eles talvez fossem capazes, [...] de fazer a transferência em circunstâncias que assegurariam o efetivo desembaraço de suas obrigações. [...] Por que não restringir o expediente da data fixa ao único propósito de decidir se vai ser possível encontrar por acordo uma autoridade central à qual transferir os poderes do Estado. [...] o que, inevitavelmente, deve formar o segundo estágio do processo que o próprio governo contempla, ou seja, a execução, com toda a energia e presteza, da transferência das funções do governo à nova autoridade [...] (Sir J. Anderson, 434 H.C. DEB. 5s., 5/3/1947, pp. 526-8).

52) Mal completaram-se seis meses que o Sr. Attlee convidou-me a aceitar o cargo de último vice-rei. Ele deixou claro que essa não seria uma tarefa fácil — desde que o governo de Sua Majestade no Reino Unido havia decidido transferir o poder para mãos indianas até junho de 1948 (Discurso de Lord Mountbatten à Assembléia Constituinte da Índia, 15/8/1947, em *The transfer of power*, vol. XII, p. 776).

53) A declaração feita pelo vice-rei [...] contempla os passos que o governo de Sua Majestade propõe sejam tomados para promover a breve realização de um pleno governo autônomo na Índia (Mr. Herbert Morrison, 416 H.C. DEB. 5s., 4/12/1945, pp. 2.102-3).

54) Não é a intenção do governo de Sua Majestade introduzir qualquer mudança contrária aos desejos das principais

comunidades indianas. Mas eles estão dispostos a tornar possível algum passo adiante [...] Com esse fim, eles estariam preparados para ver uma importante alteração na composição do Executivo do vice-rei (Pronunciamento do secretário de Estado para a Índia, Mr. Amery, no Parlamento, 14/6/1945, em Menon, 1968, p. 471).

55) Deixe-me lembrá-los que esta não é meramente a declaração da Missão, isto é, a declaração dos quatro signatários, mas é a declaração do governo de Sua Majestade no Reino Unido. Mas a declaração não pretende estabelecer uma nova constituição para a Índia. Não adianta nos perguntar, "Como vocês propõem fazer isso ou aquilo?" A resposta será, *nós não propomos fazer nada com respeito a decisões sobre uma constituição; isso não é para nós decidirmos* (Sir Stafford Cripps em conferência de imprensa na Índia, 16/5/1946, em Menon, 1968, p. 492).

56) Tem sido nossa esperança que essa união possa continuar quando a Índia atingir o pleno governo autônomo, o que tem sido há muitos e longos anos o objetivo da política britânica na Índia. O plano da Missão do Gabinete, que, ainda acreditamos, oferece o melhor fundamento para solucionar o problema da Índia, foi concebido com essa finalidade. Mas, como os líderes indianos não lograram finalmente concordar com um plano para uma Índia unida, a partição torna-se a alternativa inevitável e nós, de nossa parte, daremos aos indianos toda a ajuda e os conselhos na execução dessa operação sumamente difícil (Pronunciamento do primeiro-ministro britânico, Mr. Attlee, aos indianos, 3/6/1947, em *The transfer of power*, vol. XI, p. 108).

57) Em mais de uma ocasião atrevi-me a assinalar para esta Câmara que estamos fazendo uma tremenda experiência sobre os métodos de progresso pacífico com a tentativa de ceder o poder em um continente de 400 milhões de pessoas, sem qualquer uso de violência. No curso daquela grande

experiência civilizatória constantemente tivemos de assumir riscos [...]. Não devemos permitir que o medo de dificuldades nos impeça de fazermos o que cremos ser correto; e não devemos falhar para conosco ou para com a Índia devido à falta de decisão num momento crítico (Sir Stafford Cripps, 434 H.C. DEB. 5s., 5/3/1947, p. 506).

58) Gostaria de dizer, contudo, que concordo que cedo ou tarde teremos de cumprir nosso antigo compromisso e nossa antiga função [...] e então conceder à Índia, da mesma forma que concedemos a outros a quem treinamos na difícil e complexa arte de governar, o controle de seus próprios negócios (Sir T. Moore, 434 H.C. DEB. 5s., 5/3/1947, p. 562).

59) Fomos testemunhas de grandes mudanças em cada um dos cinco continentes e por muitas dessas mudanças este país e seu povo foram direta ou indiretamente responsáveis. Não apenas prezamos a liberdade para nós mesmos como também fomos os mestres do valor da liberdade e os campeões daqueles que a buscaram, e este país pode se orgulhar do fato de que mostrou a outros o verdadeiro caminho e declarou enfaticamente que acredita que nenhum homem tem o direito de governar outro homem sem o consentimento consciente do segundo. Temos nos esforçado para tornar possível a concretização dessa doutrina em todo o mundo. Em todas as regiões onde a bandeira britânica tremula, temos ensinado aos povos o governo da lei e o valor da justiça administrada imparcialmente. Temos propagado o conhecimento e procurado inculcar a compreensão e tolerância (Mr. Clement Davies, 434 H.C. DEB. 5s., 5/3/ 1947, p. 530).

60) Quanto à fé, certamente o que nós nesta pequena ilha, o que nós membros deste "Commonwealth" de laços frouxos mas surpreendentemente coerente, [...] o que nós já mos-

tramos ao mundo nas mais sombrias horas da batalha em curso — certamente isso deveria nos dar fé em nós mesmos e nos ideais e possibilidades desse "Commonwealth" para enfrentarmos as tarefas diante de nós (Mr. Amery, 388 H.C. DEB. 5s., 30/3/1943, p. 80).

61) Alguns de vocês podem se perguntar quando isso significa que os britânicos cortarão sua ligação de governo com a Índia — espero que em qualquer circunstância permaneçamos os amigos mais próximos quando a liberdade da Índia vier (Pronunciamento de Sir Stafford Cripps, em conferência de imprensa na Índia, 16/5/1946, em Menon, 1968, p. 493).

62) O ideal de serviço público que inspirou esses homens e mulheres, o espírito de cooperação e concessão que inspirou os seus líderes, essas são virtudes políticas e cívicas que fazem uma grande nação e a preservam em sua grandeza. Rogo que vocês consigam praticá-las sempre. [...] Durante os séculos em que os britânicos e indianos se conhecem, o modo de vida, costumes, fala e pensamento britânicos foram profundamente influenciados pelos da Índia – mais profundamente que com freqüência se percebeu. Deixe-me lembrá-los que, quando a Companhia das Índias Orientais recebeu sua carta-patente há quase quatro séculos, seu grande Imperador Akbar ocupava o trono, cujo reinado foi marcado por um grau de tolerância política e religiosa talvez maior do que jamais se viu antes ou depois. Foi um exemplo pelo qual, honestamente acredito, gerações dos nossos homens públicos e administradores foram influenciados. A tradição de Akbar não foi sempre consistentemente seguida, pelos britânicos ou indianos, mas eu rogo, pelo bem do mundo, para que nos guiemos, nos anos que hão de vir, pelos princípios que esse grande governante nos ensinou (Pronunciamento do vice-rei da Índia, Lord Mountbatten, aos indianos, 14/8/1947, em *The transfer of power*, vol. XII, p. 783).

63) Não é necessário, penso, recapitular em detalhes os vários estágios de nossa longa história de associação com o povo indiano, através da qual nos dirigimos constantemente [...] rumo ao estágio final e inevitável de um governo autônomo na Índia. Foi nessas circunstâncias [...] que o governo de Sua Majestade teve de considerar que ação deveria exercer para tentar minorar as dificuldades da transferência de poder na Índia e essa foi uma decisão muito difícil de ser tomada. Parecia essencial que não deixássemos escapar a iniciativa e que não hesitássemos [...] é certo que as pessoas deste país — considerando-se como estamos com falta de material humano, como sabemos todos — não teriam consentido com o prolongado posicionamento de grandes contingentes de tropas britânicas na Índia [...]. Nesse caso, teríamos de governar a Índia através do Governador Geral [...] (Sir Stafford Cripps, 434 H.C. DEB. 5s., 5/3/1947, pp. 494, 503, 505).

64) Embora o governo de Sua Majestade esteja sempre ansiando muito fazer o possível para assistir os indianos na elaboração de um novo acordo constitucional, seria uma contradição nos próprios termos falar na imposição, por este país, de instituições para um governo autônomo sobre uma Índia relutante. Tal coisa não é possível, nem poderíamos aceitar a responsabilidade de impingir tais instituições no exato momento em que estamos, por esse motivo, abdicando do controle dos assuntos anglo-indianos.
Portanto, a principal posição constitucional permanece como estava. A oferta de março de 1942 continua integralmente sem alterações ou qualificação. O governo de Sua Majestade ainda espera que os líderes políticos da Índia consigam chegar a uma acordo [...] (Pronunciamento do secretário de Estado para a Índia, Mr. Amery, no Parlamento, 14/6/1945, em Menon, 1968, p. 471).

65) O Secretário de Estado disse [...] que isso havia sido rejeitado porque induziria as mentes do povo da Índia à dúvida quanto a nossa sinceridade quando dissemos que

estávamos partindo. Concordo plenamente [...] quando contemplamos a idéia de partirmos em uma data próxima [...]. Digo agora que, se uma data tinha de ser fixada, por que não foi uma data após a qual, se nenhuma autoridade central tivesse sido constituída por acordo, o governo teria concluído que aquela possibilidade [...] teria de ser descartada, de modo que se poderia então proceder, com todo o vigor, à constituição de uma transferência de funções tão rapidamente quanto possível [...]. Se o governo pudesse prosseguir com o segundo estágio sem obstruções de parte alguma, eles talvez fossem capazes, [...] de fazer a transferência em circunstâncias que assegurariam o efetivo desembaraço de suas obrigações (Sir J. Anderson, 434 H.C. DEB. 5s., 5/3/1947, pp. 522/526-7).

66) Posso assegurar-lhes que por trás desta proposta existe o mais genuíno desejo da parte de todos os líderes responsáveis no Reino Unido e do povo britânico como um todo de ajudar a Índia a atingir seu objetivo (Discurso de Lord Wavell, vice-rei da Índia, 14/6/1945, em Menon, 1968, p. 470).

67) Aos líderes e povo da Índia que agora têm a oportunidade da total independência diríamos finalmente isto. Nós, nosso governo e nossos compatriotas esperávamos que fosse possível para o próprio povo indiano concordar sobre o método de elaboração da nova constituição sob a qual eles viverão (Pronunciamento de ministros e do vice-rei, 16/5/1946, em Menon, 1968, p. 484).

68) O governo de Sua Majestade não pode concluir esta Declaração sem expressar em nome do povo deste país sua benevolência e seus bons votos ao povo da Índia no momento em que eles se lançam ao estágio final na realização de um governo autônomo. Será o desejo de todos nestas ilhas que, não obstante alterações constitucionais, a associação dos povos britânico e indiano não chegue a seu término; e eles

desejarão continuar a fazer tudo que estiver em seu poder para promover o bem-estar da Índia (Pronunciamento do primeiro-ministro, Mr. Attlee, no Parlamento, 20/2/1947, em Menon, 1968, p. 520).

69) Eles podem se sentir assegurados de que, qualquer que seja o curso a ser escolhido pela Índia, a Grã-Bretanha e o povo britânico se empenharão em manter as mais íntimas e cordiais relações com o povo indiano, com o qual tem havido uma associação tão longa e frutífera (Primeiro-Ministro, Mr. Attlee, 03/6/1947, em *The transfer of power*, vol. XI, p. 108).

## Apêndice B

*Relação de materiais analisados*

Textos produzidos no século XIX

DUFF, A. (rev.). *India and India missions.* Edimburgo: John Johnstone; Londres: John Hunter, 1839.

HANSARD'S PARLIAMENTARY DEBATES. Londres: Cornelius Buck, dez., 1857-fev., 1858, 3s., vol. 148, pp. 1.723-30.

_____. Londres: Cornelius Buck, fev.-maio, 1858, 3s., vol. 149, pp. 1.955-83.

_____. Londres: Cornelius Buck, jun.-ago., 1858, 3s., vol. 151, pp. 376-82.

_____. Londres: Cornelius Buck, mar.-abr., 1859, 3s., vol. 153, pp. 1.778-93.

_____. Londres: Cornelius Buck, jun.-jul., 1860, 3s., vol. 159, pp. 1.236-53.

KINGSMILL, J. *British rule and British Christianity in India.* Londres: Longman, Green, Longman & Roberts, 1859.

MACAULAY, T. B. "Indian education: minute of the 2nd of February, 1835", in G. M. Young (org.), *Macaulay prose and poetry*. Londres: Rupert Hart-Davis, 1952.

TREVELYAN, C. *On the education of the people of India*. Londres: Longman, Orme, Brown, Green & Longmans, 1838.

Textos produzidos no período pré-independência

HOUSE OF COMMONS PARLIAMENTARY DEBATES. Londres: His Majesty's Stationery Office, 1942-1943, 5s., vol. 388, pp. 69-142.

_____. Londres: His Majesty's Stationery Office, 1945-1946, 5s., vol. 413, pp. 192-8, 363-70, 387-90.

_____. Londres: His Majesty's Stationery Office, 1945-1946, 5s., vol. 416, pp. 2.102-10.

_____. Londres: His Majesty's Stationery Office, 1946-1947, 5s., vol. 434, pp. 494-603.

MANSERGH, N. (ed.). *The transfer of power, 1942-1947*. Londres: Her Majesty's Stationery Office, vol. II, abr.-set., 1942, 1971.

_____. *The transfer of power, 1942-1947*. Londres: Her Majesty's Stationery Office, vol. X, mar.-maio, 1947, 1971.

_____. *The transfer of power, 1942-1947*. Londres: Her Majesty's Stationery Office, vol. XI, maio-jul., 1947, 1971.

_____. *The transfer of power, 1942-1947*. Londres: Her Majesty's Stationery Office, vol. XII, jul.-ago., 1947, 1971.

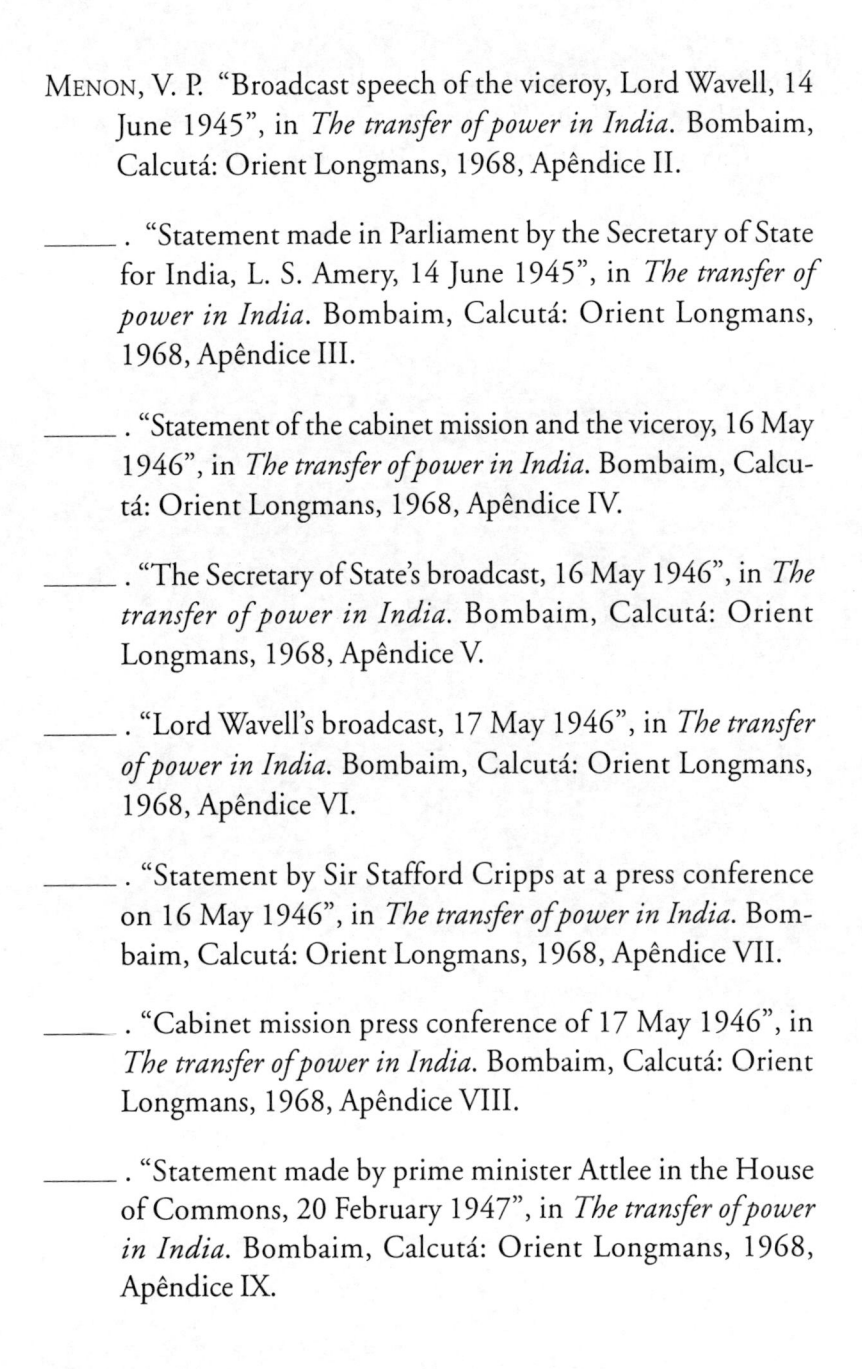

MENON, V. P. "Broadcast speech of the viceroy, Lord Wavell, 14 June 1945", in *The transfer of power in India*. Bombaim, Calcutá: Orient Longmans, 1968, Apêndice II.

\_\_\_\_\_. "Statement made in Parliament by the Secretary of State for India, L. S. Amery, 14 June 1945", in *The transfer of power in India*. Bombaim, Calcutá: Orient Longmans, 1968, Apêndice III.

\_\_\_\_\_. "Statement of the cabinet mission and the viceroy, 16 May 1946", in *The transfer of power in India*. Bombaim, Calcutá: Orient Longmans, 1968, Apêndice IV.

\_\_\_\_\_. "The Secretary of State's broadcast, 16 May 1946", in *The transfer of power in India*. Bombaim, Calcutá: Orient Longmans, 1968, Apêndice V.

\_\_\_\_\_. "Lord Wavell's broadcast, 17 May 1946", in *The transfer of power in India*. Bombaim, Calcutá: Orient Longmans, 1968, Apêndice VI.

\_\_\_\_\_. "Statement by Sir Stafford Cripps at a press conference on 16 May 1946", in *The transfer of power in India*. Bombaim, Calcutá: Orient Longmans, 1968, Apêndice VII.

\_\_\_\_\_. "Cabinet mission press conference of 17 May 1946", in *The transfer of power in India*. Bombaim, Calcutá: Orient Longmans, 1968, Apêndice VIII.

\_\_\_\_\_. "Statement made by prime minister Attlee in the House of Commons, 20 February 1947", in *The transfer of power in India*. Bombaim, Calcutá: Orient Longmans, 1968, Apêndice IX.

MENON, V. P. "Statement made by His Majesty's government, 3 June 1947", in *The transfer of power in India*. Bombaim, Calcutá: Orient Longmans, 1968, Apêndice X.

Secretária executiva
*Elisabeth Regina Marchetti*

Assessor de produção editorial
*Vlademir José de Camargo*

Supervisora de revisão
*Katia de Almeida Rossini*

Preparação dos originais
*Pablo Arantes*

Revisão
*Daniela Lellis*
*Vilma A. Albino*

Supervisora de editoração eletrônica
*Silvia Helena P. C. Gonçalves*

Editoração eletrônica
*Rossana Cristina Barbosa*
*Silvia Helena P. C. Gonçalves*
*Sirleide Rios Vitor*

Design de capa
*Adailton Clayton Santos*

Acompanhamento gráfico
*Ednilson Tristão*

Assessor de informática
*Carlos Leonardo Lamari*

(PREENCHER EM LETRA DE FÔRMA)

**EDITORA DA UNICAMP**

# FICHA CADASTRAL

## DADOS PESSOAIS

Nome............................................................................................
End. ....................................................................................Nº..................
Ap. ...............Bairro..........................................CEP....................
Cidade......................UF.................Tel. (.....)..................

## DADOS PROFISSIONAIS: ESCOLA/EMPRESA

Escola/Empresa.................................................................................
End. ....................................................................................Nº..................
Bairro..........................................................CEP....................
Cidade......................UF.................Tel. (.....)..................
Disciplinas........................................................................................
........................................................................................
........................................................................................
........................................................................................

Professor(a) de:   1º grau ( )     2º grau ( )     3º grau ( )
Receba novas informações.
Áreas de interesses:...........................................................
........................................................................................
........................................................................................

## Livro adquirido: A RESISTÊNCIA DAS PALAVRAS

Quero receber gratuitamente:

◯ Catálogo     ◯ Informe mensal de lançamentos     ◯ Lista de preços

Você pode reproduzir esta ficha para seus amigos.